MYNAVI BUNKO

おつきあいの基本がわかる

手紙の書き方と贈り物のマナー

矢部恵子 監修

マイナビ

はじめに

日本には古くから、「美しい贈答の文化」があります。

冠婚葬祭だけでなく、日々のおつきあいのなかでも、品物やお金・商品券を贈ったり、お返ししたりする機会は多いものですが、〝贈答〟とはその文字のとおり、気持ちを「贈り」、感謝で「答える」という、おつきあいの基本です。

贈り物を「包む」という行為は、日本独特の文化であり、世界に誇れる美しい品格のひとつです。水引、のしなどの使い方にはそれぞれに大切な意味があります。マナーを知り、気持ちをていねいに包むことで、よりいっそう相手への想いを伝えることができるでしょう。

また、年賀状や暑中見舞いをはじめとする〝手紙〟は、気持ちを伝える美しい文化のひとつです。

手紙の書き方を難しく感じている方も多いかもしれませんが、基本を覚えてしまえば、相手との関係やシーンによってその形を変えるだけ。本書では、基本の手紙の文例だけでなく、シーンに合わせた書き方のポイントを解説しています。

目上の方への形式を守ったお礼の手紙やフォーマルな招待状だけでなく、友人のお祝いに送るメッセージカード、旅の楽しさを伝える絵はがき、ほんのお礼を伝える一筆箋……形はさまざまですが、自分らしい言葉や心を尽くすことによって、その人柄を表すことができる、すてきな贈り物となるでしょう。

品格ある女性を目指す第一歩として、この本をお役立ていただければ幸いです。

銀座フィニッシングスクール　ティアラファクトリー主宰

矢部恵子

手紙の書き方と贈り物のマナー　目次

Chapter 1

書き方と贈り物の基本マナー

Chapter 2

お祝い事の手紙と贈答

Chapter 3

季節ごとに送りたい感謝の手紙と贈り物

Chapter 4

招待・お知らせの手紙

Chapter 5

事故・病気・弔事の手紙と贈答

巻末付録

すぐ使える書き言葉集

Chapter 1

書き方と贈り物の基本マナー

手紙の基本 1 ―― 手紙の作法

手紙は言葉の贈り物。心を込めて書きましょう

手書きの手紙には、電話やメールにはない独特の温もりがあります。基本のルールを覚えておき、日頃から気持ちを伝えるツールとして手紙に親しんでみてください。
手紙は、相手との関係によってふさわしい形式や言葉を選んで送ることが大切です。お祝いやお見舞いなどの手紙は適切な時期に着くように配慮します。内容は、読む相手のことを考えて簡潔に。文字や文章は必ずしも巧みでなくてもいいので、ていねいに心を込めて書きましょう。

どんな時に書く? 慶弔のお祝い・お悔やみ、目上の人への連絡、あらたまったお願い、

お見舞いなど。

返事は…？ 封書の手紙をもらい、返事が必要なときは、1~2週間内を目安に封書で返事を送ります。

【知っておきたい 大人の常識】

慶事と弔事の手紙のルール

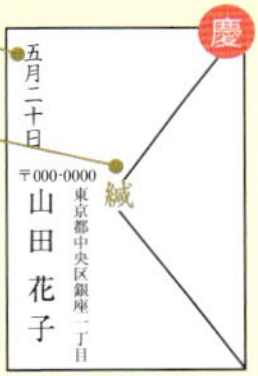

慶事

結婚式の連絡など儀礼的なものには白い洋封筒を使います。裏書きは、開き口を右にして左端に日付、住所、名前を入れます。封字は重要な内容は「緘」、お祝いは「寿」「賀」も使えます。一般的な手紙では「〆」や「封」として。

弔事

和封筒の場合は、繰り返してほしくないという意味で一重の白封筒を使います。洋封筒のときは、慶事と反対で、開き口を左側にして、右側に住所・氏名を記入するのがマナーです。

お手紙グッズの使い分け

目上の人への手紙やあらたまった手紙は、縦書きが原則です。慶事・弔事の正式な手紙は、白無地の便箋に縦書きし、白無地の和封筒に入れて送ります。白無地便箋だと、文字列が乱れるのが心配なときは、縦に罫線が入ったものを使ってもかまいません。筆記用具は毛筆、もしくは万年筆が正式とされていますが、黒色の先の細い水性ペンでも代用できます。薄墨の毛筆は、弔事の手紙に使うものなので、その他の場合は避けましょう。

よりカジュアルな手紙

白無地の便箋でも横書きになると、カジュアルな雰囲気になります。ちょっとしたお礼状や親類へのあいさつ状などは、横書きして洋封筒で送ってもいいでしょう。鮮やかなカラーのものや絵柄のついた便箋・封筒は、友人などの親しい間柄の人向けです。親しい人への手紙であっても、ボールペンや茶封筒は事務的な印象を与えるので避けたほうがベター。下書きに使う筆記用具である鉛筆や、督促状などに使う赤ペンも控えましょう。

手紙の基本2 ―― 和手紙の構成と封書の書き方

和手紙の基本ルールを覚えておけばどんなシーンにも対応可能

まずはすべての手紙の基本となる和手紙の構成をしっかり覚えておきましょう。和手紙は言葉遣いや構成はもちろん、字配りにも注意します（182ページ参照）。相手の名前や「御」が行下になるときは改行し、「私」や自分の名前が行頭にくるときは、一字下げて書くのがマナーです。

脇づけの種類

机下（きか）…相手の机の下に差し出すという意味で、相手に敬意を表す。

侍史（じし）…相手に直接渡すのを遠慮して、秘書や仕える人に託す意味。

親展（しんてん）…名宛人自身が開封して読んでほしい手紙の意。

○○在中（ざいちゅう）…請求書在中など、事務的に内容を知らせるもの。

至急（しきゅう）…急ぐ場合に使用。

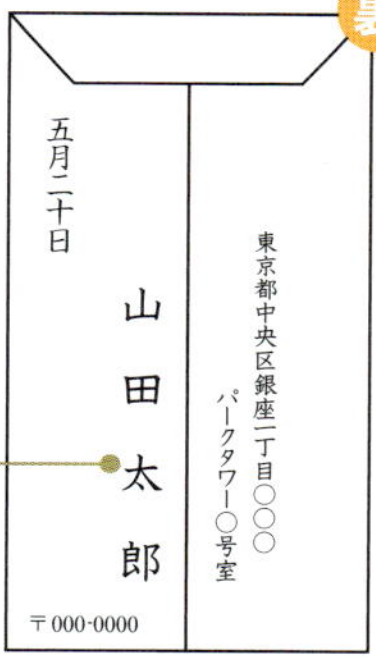

中央の合わせ目の右側に住所、左に名前を書くのが正式なスタイルですが、最近では左側にまとめて住所・名前を書くことも増えています。

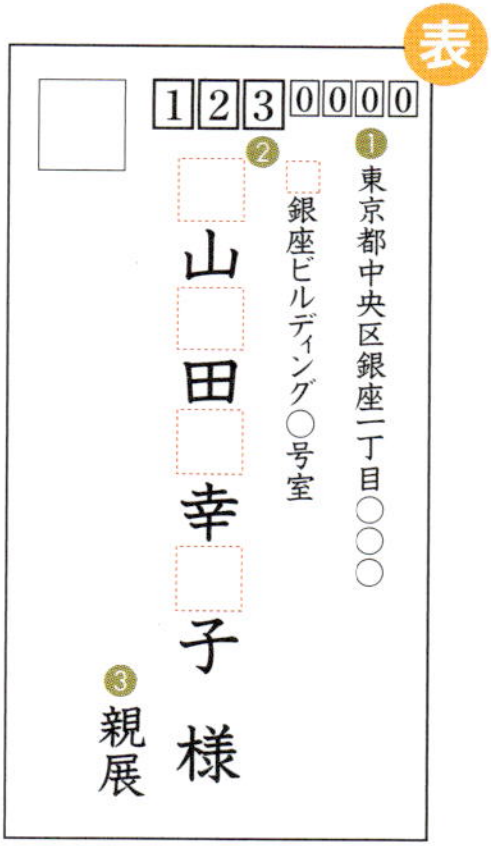

和封筒の書き方

確実に配達されるように、ていねいな文字で正確に書きます。住所と宛名が美しく見えるバランスを考えて書きましょう。

❶ **住所**　住所はできるだけ2行以内におさめます。改行するときは2行目を1字下げます。縦書きでの数字は、漢数字を。15などは「十五」とします。

❷ **宛名**　封筒の中央に大きく配置します。住所より1字分下げて書くとバランスがよくなります。敬称は個人宛で出すときは「様」、会社や団体へ宛てた場合は「御中」を使います。

❸ **脇づけ**　相手に敬意を表したり、手紙の性質を伝えるために書き添える言葉。宛名の左下に、小さく書きます。

手紙の入れ方

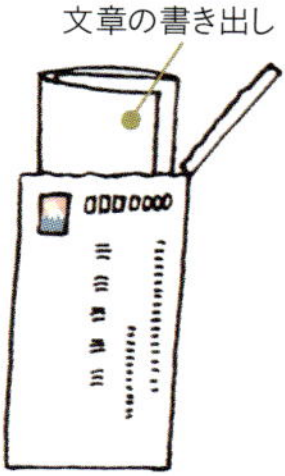

和手紙の場合、便箋は文面を中にし3分の1ずつ下、上の順に折って3つ折に。封筒の表から見て、手紙の書き出しが右上にくるようにして入れます。

和手紙の構成

手紙は､｢前文｣｢主文｣｢末文｣｢後づけ｣の4つのブロックから構成されます。正式な和手紙の構成は、前文が「頭語」から始まり、主文で用件を述べた後、末文に「結語」をつけて手紙を締めます。最後に後づけで日付、差出人名、宛名を記します。｢拝啓―敬具｣などの頭語・結語が堅苦しく感じるときは「一筆申し上げます―かしこ」といった女性らしい頭語・結語で、印象を和らげることもできます(210ページ参照)。

和手紙

① 拝啓
② 今年も残すところあとわずかになりました。
③ お父様、お母様にはお元気でお過ごしのことと存じます。

前文

① **頭語** 手紙における初めのあいさつ。

② **季節のあいさつ** 季節感を表す言葉を選びます。頭語の下に続けるか、改行するときは1字下げて。

③ **安否をたずねる** 相手の健康などを気遣う一文を。

※前文を省く場合は「前略」と書きますが、速達以外は避けましょう。

④ さて、日頃は何かと至らぬ私たちに、いろいろとお世話をいただきまして、心より感謝しております。本日、お歳暮のおしるしに、新潟の地酒をお送りいたしました。お父様が日本酒をお好きだとおっしゃっていたので晩酌にお召し上がりいただければ嬉しいです。

⑤ それではお正月にお目にかかれるのを楽しみにしております。
寒さが一段と厳しくなって参りましたので、お体にはくれぐれもお気をつけください。

⑥ 敬具

⑦ 十二月十五日

⑧ 山田　太郎
花子

⑨ お父様
お母様

主文

④ **用件**　前文と区別がつくように「さて」「ところで」「つきましては」などの起こし言葉を用いて、用件を述べます。内容は相手に敬意を表しながらわかりやすく、的確に。

末文

⑤ **結びのあいさつ**　相手の健康や繁栄を願うあいさつや、用件を総括する言葉を述べて結びます。

⑥ **結語**　頭語に対応する結語を行下に。会話の「さようなら」にあたる最後のあいさつです。

後づけ

⑦ **日付**　漢数字で書きます。年号を記すときは、元号(平成など)が基本。

⑧ **差出人名**

⑨ **宛名**

通常は⑥で終わりますが、書き忘れなどは最後に「副文」を書き加えることもできます。少し段を下げて「追伸」や「追って」「なお」などと書き出します。

手紙の基本3

洋手紙の構成と書き方

送る相手に合わせて
マナーや言葉選びには十分な配慮を

横書きの洋手紙は、友人や親しい間柄の人への手紙にふさわしいものです。基本的なルールは和手紙と同じですが、肩の凝らない手紙にしたい場合は、頭語・結語を省略するなど、簡略化したスタイルでかまいません。時候のあいさつや主文も、形式通りのかしこまった表現でなく、親しみのもてる素直な言葉を心がければいいでしょう。

ただカジュアルな手紙といっても、手紙は後に残るものですから、相手にとって失礼な内容や誤字・脱字は避けたいもの。最低限のマナーは守って送りましょう。

洋封筒の書き方

洋封筒は、表面と裏面をそろえて書けば、縦書き、横書き、どちらでも使えます。縦書きの場合は和封筒を参考に。横書きの場合は、切手や郵便番号の位置に注意しましょう。

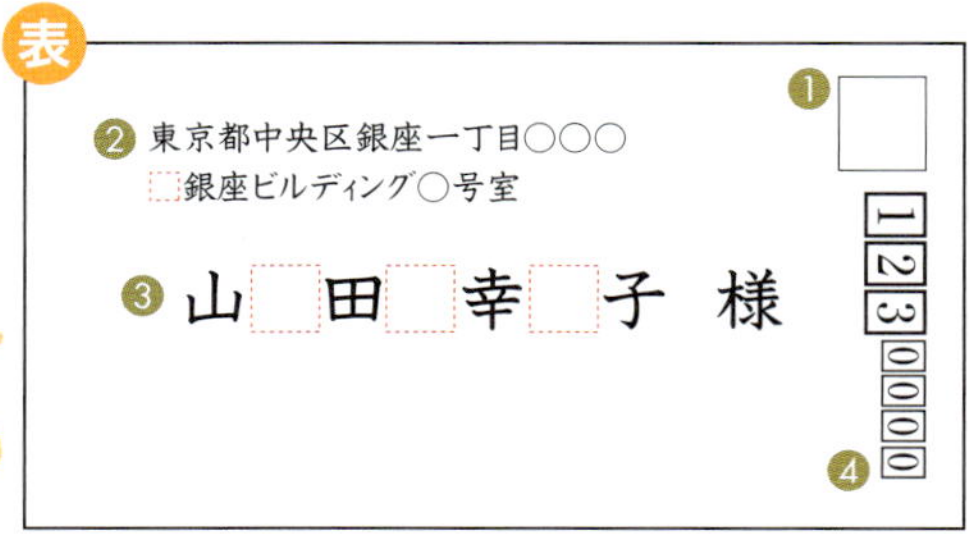

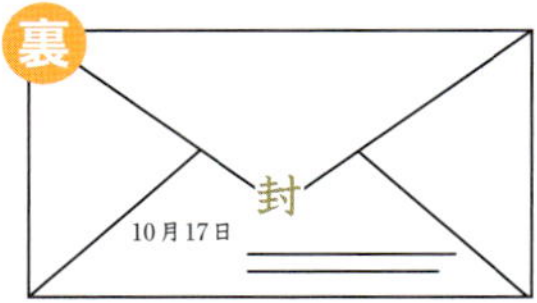

封筒の下側、やや右寄りに差出人の住所・名前を書きます。日付は左側の、住所よりも少し上の位置に。「〆」「封」の封字は書いても書かなくてもよく、親しい間柄であれば封印代わりにシールなどを貼っても。

① 切手　右上に貼ります。

② 住所　住所は2行以内で2行目は1字下げて書きます。

③ 宛名　封筒の上下左右の中央に、住所よりひと回り大きい文字で宛名を書きます。

④ 郵便番号　所定の欄があれば、枠内に書きます。欄がないときは、住所の左上に。

洋手紙の構成

「前文」「主文」「末文」「後づけ」と、4つのブロックに分かれる構成は、和手紙と同じです。親しい相手に宛てる手紙なので、前文の頭語は省略しても可。

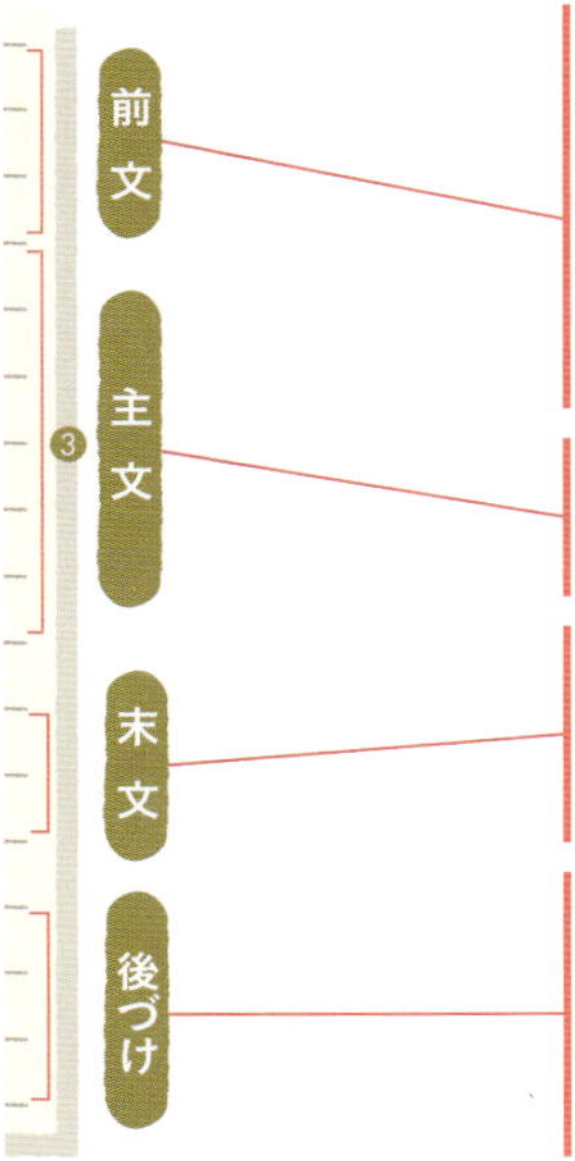

❶ **宛名**　横書きの手紙では、相手の名前・敬称から書き始めてOKです。名前はフルネームで。

❷ **時候のあいさつ**　季節を感じる表現を飾らない言葉で伝えます。続けて、相手の健康やようすをたずねたり、自分の近況を簡単に述べても。

❸ **用件**　「さて」「ところで」などの起こし言葉で始め、用件をわかりやすく簡潔に書きます。

❹ **結語**　頭語がなくても「かしこ」で結びます。横書きの場合は「またお手紙します」といったカジュアルな表現で締めてもOK。

❺ **日付**　行頭から数文字あけて、アラビア数字で記します。

❻ **署名**　最後に自分の名前を。親しい相手への手紙では、下の名前だけの署名でもかまいません。

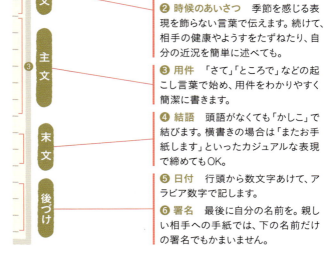

手紙の入れ方

洋封筒に手紙を入れるときは、便箋を縦に半分に折ってから横半分に折って4つ折りにし、書き始めが封筒の表から見て右上にくるようにセットします。

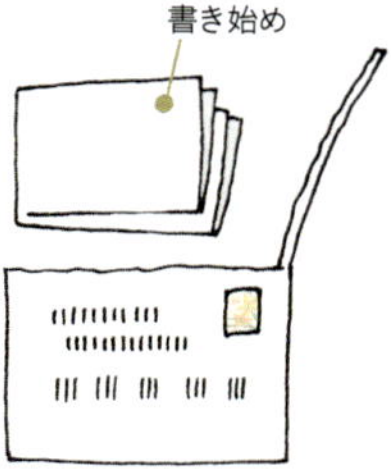

洋手紙

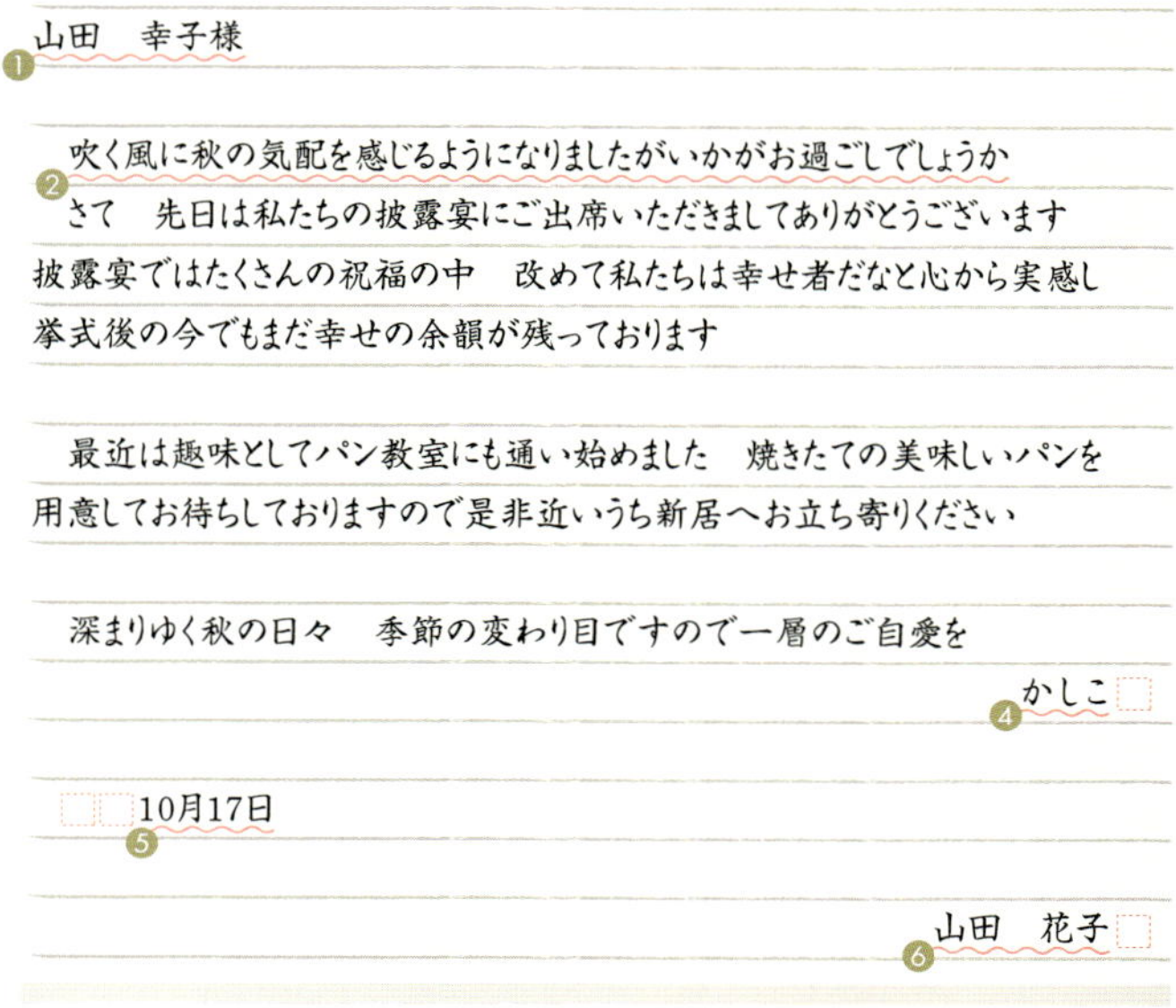

山田　幸子様

吹く風に秋の気配を感じるようになりましたがいかがお過ごしでしょうか

さて　先日は私たちの披露宴にご出席いただきましてありがとうございます
披露宴ではたくさんの祝福の中　改めて私たちは幸せ者だなと心から実感し
挙式後の今でもまだ幸せの余韻が残っております
最近は趣味としてパン教室にも通い始めました　焼きたての美味しいパンを
用意してお待ちしておりますので是非近いうち新居へお立ち寄りください
深まりゆく秋の日々　季節の変わり目ですので一層のご自愛を
かしこ

10月17日

山田　花子

はがきの正しい書き方

はがきは手紙の略式。相手や内容に合わせて使いましょう

手紙は本来、封書で出すのが正式ですが、親せきや友人など親しい人へのお礼状・あいさつ状などには、手軽なはがきが向いています。また急な用件や事務的な連絡なども、はがきのほうがすぐ目につき、よい場合もあります。

基本の構成は手紙と同じですが、スペースが限られている分、あらたまったあいさつを省くなどして、簡潔な内容を心がけます。また封書と違って、はがきは宛名の本人以外の家人の目にも触れるものなので、見られて困ることやプライベートな内容は避けるのがマナーです。

どんな時に書く？　お中元・お歳暮の送り状やお礼状、暑中見舞いなどの季節のあいさつ状、引っ越しや転勤の通知など。目上の人へ送るときは表も裏も縦書きにします。

返事は…？　目上の人からの封書の手紙に、はがきで返事を出すのは失礼になります。お歳暮のお礼状と年賀状を兼ねるのもマナー違反。往復はがきは、返信の出し忘れを防ぐためにもできるだけ早めに返事を出しましょう。

はがきの種類と用途

通常の官製はがき

白無地の官製はがきはどんなシーンにも使えます。絵柄の入った官製はがきは、季節に合わせて使い分けを。

絵はがき

旅行先から出すなら旅先の風景の絵はがきもいいもの。気のおけない人への近況報告などに。

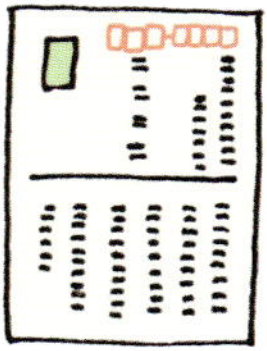

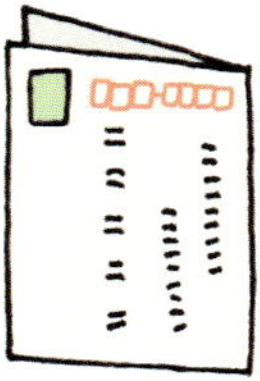

往復はがき

差出人からの通信はがきに、返信用はがきがついたもの。結婚式や各種パーティでの出欠確認でよく使われます。

【横書き】

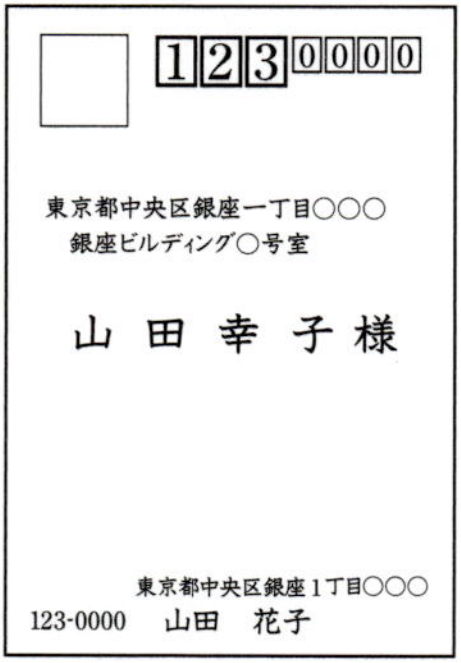

宛先の住所は切手の1～2cm下からスタートし、宛名は住所より大きな文字で中央に書きます。差出人の住所・名前は、はがきの右下に書きます。

【縦書き】

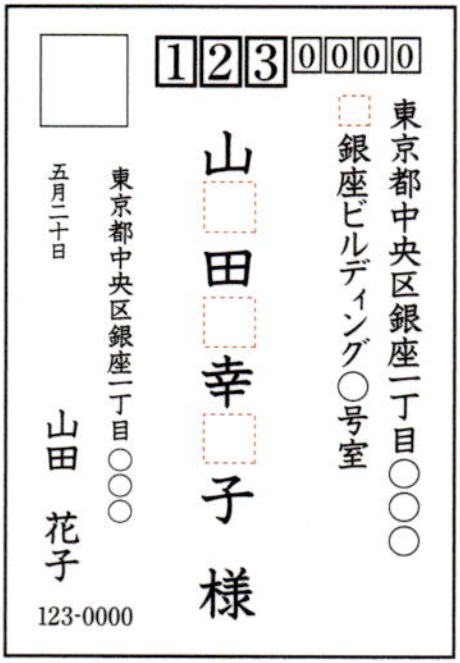

郵便番号枠から1～2cm下に住所を書き、中央に大きく宛名・敬称を。差出人の住所・名前は、下の郵便番号枠の幅におさまるようにまとめます。

【絵はがき】

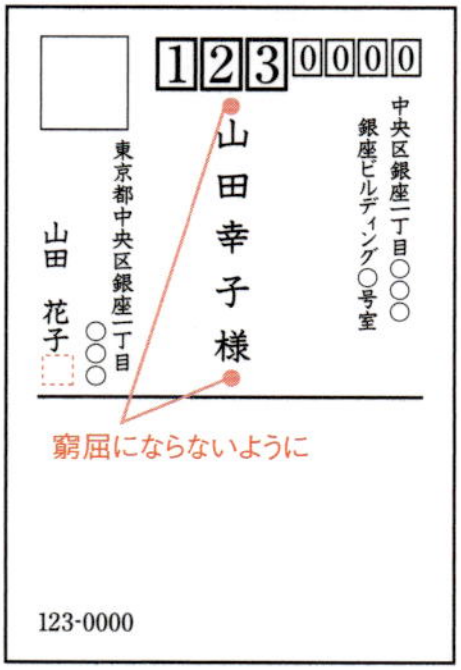

上半分のスペースに、住所や宛名をおさめましょう。住所が3行に渡るときは3行目は行下のほうに。差出人の郵便番号は、専用枠があればそこに書きます。

はがきの文章の構成

基本構成は、封書の手紙と同じ。あまり細かく書きすぎると読みづらくなるため、読みやすい文字の大きさやバランスを心がけて。前文の頭語や、後づけの結語、日付は省略しても。

❶初夏の風が心地よい季節となりました。
❷伊藤様はじめご家族の皆様にはお健やかにお過ごしのことと存じます。
❸□さて、この度は美味しいゼリーをお送りいただきまして、ありがとうございます。
清涼感あふれるゼリーはとても美味しく、家族全員大変喜んでおります。
□どうぞご家族皆様にもよろしくお伝えください。
❹□まだ朝晩は冷え込みますので、お体を大切になさいますよう、お祈り申し上げます。
□まずは取り急ぎ、書中にてお礼まで。
❺かしこ□
❻□六月七日

前文（❶❷）　主文（❸）　末文（❹❺）

❶**頭語・時候のあいさつ**　頭語と、あらたまった時候のあいさつは省略することが多く、簡単な時候のあいさつから始めるとスムーズ。

❷**相手の安否をたずねる、御礼など**　相手を気遣う言葉を書きます。お世話になったときはお礼を、ご無沙汰している場合はお詫びを。

❸**用件**　用件は素直な言葉で簡潔に。前文からは改行し、一字下げて書き始めます。

❹**結びのあいさつ**　健康を祈る言葉など。主文から改行し、一字下げて書きます。

❺**結語**　「かしこ」で結ぶと、女性らしい品のある手紙に。結語は省略しても。

❻**日付**　スペースに余裕があれば、最後に日付を入れます。

表 表書きは…

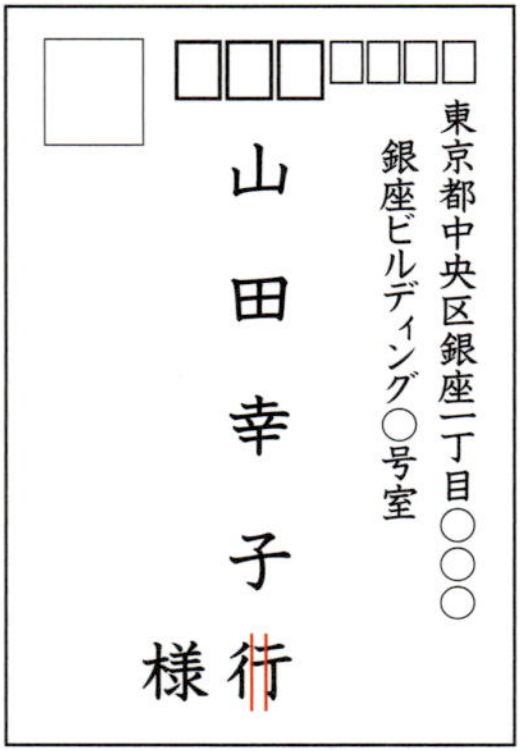

宛名の下の「行」「宛」などは、相手がへり下った表現として入れるものなので二重線で消し、消した文字の左に「様」と書き入れます。

返信はがきの書き方

「御出席」「御欠席」などの「御」、「御芳名」の「芳」は、こちらに敬意を表す接頭辞なので、返信時には二重線で消しましょう。出席、欠席のどらちかの文字を○で囲んで、残った方は二重線で消し、住所・名前などの必要事項をていねいに書きます。余白のスペースには、お祝いの言葉や招待へのお礼などの手書きメッセージを添えると、返信が事務的にならず、相手への心遣いも示せます。

MEMO

親しい人ならシールを貼っても◎

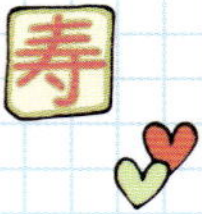

とくに親しい人への返信では、「御」「芳」などの文字は小さなシールを貼って隠す手も。寿のシールなら祝い事全般に、ハートのシールなら結婚式の招待の返信はがきにぴったりです！

出席の場合

御出席　させていただきます

御欠席

① ご結婚おめでとうございます

② この度はご招待いただき　ありがとうございます

③ 今から当日を心より楽しみにしております

御住所

御芳名

MEMO

出席の場合は2～3日以内に返信して、祝意をできるだけ早く伝えるのがマナーです。

メッセージに入れたい言葉

① **お祝いの言葉**　ご結婚（ご受賞、ご開業など）おめでとうございます／ご結婚のお喜びを申し上げます／心よりお祝い申し上げます／など

② **お礼の言葉**　ご招待ありがとうございます／晴れの席にお招きいただき、誠に光栄に存じます／など

③ **気持ち**　喜んで出席させていただきます／当日を楽しみにしております／末永いお幸せをお祈りいたしております／など

欠席の場合

~~御~~出席
~~御~~欠席 させていただきます

❶ご結婚おめでとうございます
❷残念ながら海外出張のため参加できませんが
❸お二人の末永い幸せを心から願っております

~~御~~住所
~~御芳~~名

POINT

欠席の場合、「できれば出席したかった」残念な気持ちを表して、あえて出席の二文字を二重線で消さないこともあります。

メッセージに入れたい言葉

❶ **お祝い・お礼の言葉**　このたびはおめでとうございます／心よりお祝い申し上げます／このような会を企画していただき、誠にありがとうございます／など

❷ **欠席の理由・お詫び**　（結婚式以外の招待では）当日は親類の結婚式がありますので…／（病気や弔事などの縁起が悪い理由の場合は）やむを得ない事情で／あいにく所用がありまして、欠席とさせていただきます／など

❸ **会の成功を祈る言葉**　お二人のお幸せをお祈りしております／残念ですが、皆様は大いに楽しんでくださいませ／盛大な会となられますよう祈念しております／など

返信はがき Q&A

出欠の予定がギリギリまでわからない時はどうしたらいい?

あらかじめ相手に電話で事情を伝えて、期日までに返事をするようにします。結婚式などあらたまった席では、直前のキャンセルは先方の迷惑になるので、ギリギリまで予定がつかないときは欠席にしたほうが無難でしょう。

返信を出すのが遅くなってしまいました…

返信期日を過ぎてしまったときは、先方に電話をして遅れたお詫びを述べるとともに、これから返信しても大丈夫かどうかを確認して送ります。返信用はがきを受け取ったら慶事で出席の場合、2～3日以内を目途に返信するのがマナー。欠席ならば、都合をつける誠意を見せるためにも1週間後くらいに返信を。

夫婦連名で招待されてどちらかひとりしか行けないときは?

夫婦連名で招待された場合、夫婦のどちらかひとりが出席できるなら、出席に○をし、名前の記入欄に出席する人の名前を書きます。余白に、揃って出席できないお詫びの一文を添えておくようにします。

PCメールの基本1
——送信のマナー

手軽に送れるのがメリット。
送信ミスや言葉遣いに十分気をつけて

手軽に送れるメールは、仕事でもプライベートでも今や不可欠な通信手段のひとつです。メールには、手書きの手紙のような決まったルールはありません。情報をすばやく伝えるのがメールの特徴ですから、頭語や結語、冗長なあいさつは基本的には不要です。

しかし活字でのやりとりになるため、あまりにも事務的な内容やそっけない短文では、相手に冷たい印象を与えたり、誤解の元になることも。言葉遣いや内容、添付ファイルなどには十分気をつけ、送信する前に、宛先と内容をよく読み返して確認してから、送るようにしましょう。

送るタイミング 時間にかかわらず送信できますが、携帯電話でPC宛のメールを受信する方もいるので22時以降は避けましょう。返信を急ぐときは電話や携帯メールと併用すると安心です。

メールのミスを防ぐテクニカルマナー

1 文字化けに注意

パソコンの機種によってシステムが違う機種依存文字（半角カタカナや①②などの丸つき数字、Ⅰ Ⅱなどのローマ数字、㎞㈱㍉㌔などの特殊文字）は、文字化けの原因になるのでなるべく避けます。

2 アドレス帳を上手に活用

よくメールのやりとりをする相手は、「アドレス帳」や「住所録」などのアドレス登録機能に登録しておくと便利です。登録した名前を選択するだけで正しいアドレスが設定でき、アドレスの入力間違いによる不着や送信ミスもなくなります。

3 添付ファイルは重さに注意

文書や画像などの添付ファイルは、ファイルの重さ（情報量）にも気をつけます。あまりにも重いデータは送受信できないこともあり、受信できたとしてもダウンロードに長い時間がかかるため、先方の負担になるケースがあります。

送信メールの構成と注意点

宛名部分

❶ アドレスは登録時に敬称を　「宛先」の欄は、アドレス登録機能で入力すると登録した内容が表示されるので、相手の名前に「様」をつけて登録しておくと安心。「差出人」欄も自分の名前や社名を漢字で登録しておけば、表示が見やすくなります。

❷ CC、BCCの違い　CCは「カーボン・コピー」の略で、受信側にもCC指定のアドレスが表示されるので、複数の人に宛てた一斉メールであることを示すときに使います。BCCは「ブラインド・カーボン・コピー」の略。受信側にはBCCに入れたアドレスは表示されません。

件名部分

❸ 件名はわかりやすく　「件名」はメール内容のタイトルになるもの。タイトルを見ただけで用件がわかると、後で見返すときにも便利です。タイトルの後に1字あけて差出人の名前、社名を入れても○。

本文部分

❹ 最初にあいさつ＆名乗りを。読みやすいレイアウトにも配慮　メールは自由な形式で書けますが、大まかに「前文（あいさつ）」「主文（用件）」「末文（締めの言葉、あいさつ）」の流れを意識すると、簡潔でも失礼のないメール文になります。

● 相手の社名は、（株）（有）と略さずに正式名称で。自分の社名を名乗るときは省略してもOKです。

● 差出人名が、受信側で正しく表示されているとは限らないので、誰からの連絡かがわかりやすいように、冒頭のあいさつを述べた後、差出人の名前・社名等を名乗ります。

署　名

❺ 署名は連絡先を明確に　署名は一目でわかるように、罫線で囲むなどしておくと便利。相手が必要に応じて連絡をしやすいように、電話番号などの問い合わせ先も正確に記します。

宛先: 株式会社A社　小林様<koba@xxxx.co.jp> ❶

CC: ❷

BCC:

件名: パンフレット送付のご連絡 ❸

株式会社A社
小林様

いつもお世話になっております。
(株) ABC商事の山田です。
今日は久しぶりの晴天ですね。
雲ひとつない空は気持ちまで明るくなります。

さて、先日ご依頼いただきました新製品のパンフレット5部を
本日発送いたしました。
明日 (5/21) 午前中にはお手元に届くかと存じますので
しばらくお待ちください。

今後ともよろしくお願い申し上げます。 ❹

株式会社ABC商事
〒104-0061
東京都中央区銀座○-○-○銀座ビルディング
代表電話　03-○○○-○○○○
直通電話　03-○○○-○○○○
営業部　企画担当
山田　花子
-- ❺

PCメールの基本2
――返信のマナー

メールを確認したら早めに返信。受信メールの「引用」は最小限に

ビジネスのメールには、可能な範囲でできるだけ早めに返信します。メールに目を通すだけでよい内容であっても「ご連絡ありがとうございました。○○の件、了解いたしました」など、こちらが確認・了解したことを知らせる一報を送っておくと、相手も安心します。返信するのが数日以上遅れてしまった場合は、連絡が遅くなった旨を返信の冒頭でお詫びしておくと感じがよいものです。

返信メールは、受信メールのタイトルや通信文を引用できますが、長い引用を避けたりタイトルにひと工夫するなどして、簡潔でわかりやすい返信を心がけましょう。

送るタイミング

できるだけ早めの返信を。回答に時間がかかる場合は、その旨を伝えておくとよいでしょう。

MEMO

困ったメールへの返信術

グチ・悩みなどのネガティブなメールをもらったら…

上司や同僚の中傷、仕事上の悩みといったネガティブメールを受け取ったときは、対応に十分注意する必要があります。安易に人の悪口に同意したり、無責任な意見を述べると、そのメールが他の人の目に触れたときに誤解を招くことも。メールは簡単にコピーや転送ができるツールであることを忘れずに。

すぐに対応できないメールをもらったら

人からメールで依頼や相談を受けて、すぐに対応ができない場合は、とりあえずメールを確認した旨の返信を出します。合わせて「少しお時間をいただきますが、○月○日にはご手配できます」「～し次第、またあらためてご連絡させていただきます」など、次の対応の目安にもふれておきます。約束した内容は後日、きちんと実行しましょう。

返信メールの注意点

何の返信かわかりやすく

返信のタイトルには「Re:（Replay ＝返事）」に続いて受信メールのタイトルが表示されます。返信とすぐにわかり、そのままでよい場合もありますが、[Re: タイトル]の前にひと言添えると、返信内容がわかりやすく気が利いています。

例

了解いたしました。→Re:〇〇の件で

宛先: 株式会社ＡＢＣ商事　山田様<yamada@000.co.jp>

CC:

件名: Re:パンフレット送付のご連絡

株式会社ＡＢＣ商事
山田様

お世話になっております。
（株）Ａ社の小林です。

＞さて、先日ご依頼いただきました新製品のパンフレット５部を
＞本日発送いたしました。
＞明日（5/21）午前中にはお手元に届くかと存じますので
＞しばらくお待ちください。

上記の件、了解いたしました。
お忙しい中ご手配いただき、誠にありがとうございました。

メールの失敗 Q&A

誤字・脱字を後で見つけてしまった場合

待ち合わせ日時や人名など、誤解や行き違いにつながる誤字・脱字の場合は、急いで先方に電話をするか、再度メールを送って間違いを訂正します。文意に誤解が生じない程度の小さな誤字・脱字であれば、以後、間違いのないよう気をつければOKです。

間違ってメールを送ってしまった場合

「先ほどのメールは誤送信したものなので削除をお願いします」という趣旨のお詫びメールを送り、正しい宛先にメールを送り直します。送信ミスで仕事上の重要事項や個人情報が外部にもれてしまうこともあるので、くれぐれも注意を。

引用するのは必要なところだけ

受信メールの通信文の「引用」が長すぎると、送ったメールをつき返されているようで不愉快に思う人もいますし、返信自体がダラダラと長くなりがち。引用は、質問に答える必要がある部分など、本当に必要なところだけ使うようにします。

携帯（スマートフォン）メールの基本

短く、簡潔なメッセージの中にも相手への思いやりを忘れずに

携帯（スマートフォン）メールはＰＣに比べて画面が小さいので、より読みやすく簡潔なことがポイントになります。ただ簡潔な文と、乱暴な文は違います。短いメッセージの中にも相手への気遣いを忘れないようにし、素敵なメール・コミュニケーションをしましょう。

携帯メールの注意点

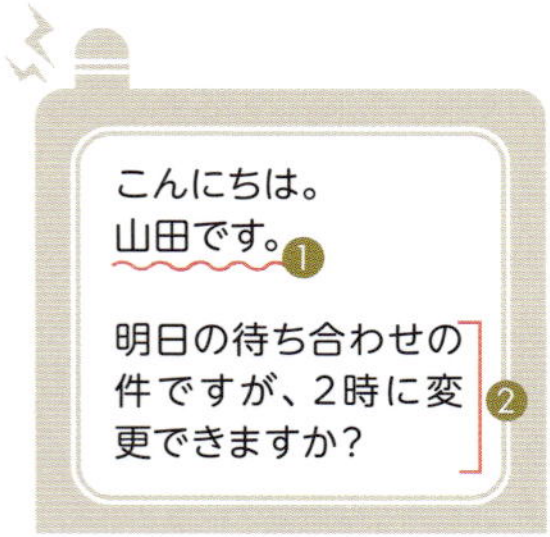
こんにちは。
山田です。①
明日の待ち合わせの件ですが、2時に変更できますか？
②

❶ 最初に名乗る

冒頭にあいさつや呼びかけがあると、受け手も気持ちよく読めます。自分の名前も最初に名乗りを。

❷ 用件は読みやすく

携帯は画面も文字も小さいので、適当なところで句読点を打ったり、改行を入れるなどして読みやすくまとめます。

PC⇔携帯メールの注意点

PC→携帯へ

PCではつい文章が長くなりがちですが、極端に長い文章は携帯では読みづらく、受信容量を超えると一部が切れてしまう場合も。添付するデータ類も携帯で送受信できるデータ量か、確認してから送信を。

携帯→PCへ

画面の小さい携帯では自然に改行されている文章も、PCでは、つながって長い一文になってしまうので、適宜、意識的に改行を入れます。また携帯の絵文字は、PCでは表示されないことが多いので注意。

お勉強
コラム
STUDY COLUMN

【気をつけたいメールでの言葉の選び方】

好印象メールの例

株式会社ABC商事
山田花子様

お世話になっております。
A社の田口です。

週末の連休は、とてもよいお天気に恵まれましたね。 小旅行へ行くとおっしゃっていましたが、 存分に楽しまれたのではないでしょうか？

さて、……

好印象のポイント

読んだときに、気持ちがフッと和むようなひと言があると「もらってうれしい」メールになります。たとえば「やっと晴れましたね」といった天候や季節の話題、相手の趣味の話題などもいいものです。また文末を「お会いできるのを楽しみにしています」「素敵な１日を！」と、心温まるフレーズで締めるのも好印象です。

その他の例

- 今日はあいにくの雨ですが、桜が咲いているのを見て、心がなごみました。
- 紅葉もきれいに染まりはじめ、やっと秋らしくなってきましたね。
- お会いするのを楽しみにしています。
- すてきな1日をお過ごしください。

気をつけたい言葉

たとえば「どちらでもいいです」という言い方はメールの活字で見ると、ぞんざいで投げやりな印象に。仕事や事務連絡でよく使う「〜してください」は、言葉で聞くときは気にならなくても、活字だけで見ると命令的に感じることもあります。手軽な携帯メールとはいえ、受け取る側の気持ちを考えて、わかりやすく、かつ柔らかな表現を使うようにしましょう。

✖ どちらでもかまいません。
▼
○ どちらもすてきなので、お好きな方を。

✖ 〜してください。
▼
○ 〜していただけないでしょうか？

✖ 了解しました。
▼
○ 〜の件、了解いたしました。

贈り物の基本

贈り物上手とは
気持ちを上手に伝えること

贈り物とは、お祝いや感謝といった〝気持ち〟を、品物やお金に託して表すものです。気持ちを上手に伝えるためには、タイミングや品物、贈り方など、最低限のマナーが不可欠。基本マナーをふまえ、相手に「どうしたら喜んでもらえるか」を考えて、自分らしい気持ちを伝えましょう。

贈る物は… 相手の家族構成やライフスタイルに合わせ、日用品や菓子、食品類などを選ぶのが基本。現金や商品券に、お花などのプチギフトを添えて贈ってもＯＫです。必ずあいさつ状を同封するか別送します。

お返しは…

贈り物をもらったら、すぐにお礼状を出します。お返しが必要な場合は、いただいた品物の半額ぐらいを目安にお返しの品を選びます。

贈り上手の3つのルール

タイミングを外さない　1

人生の節目のお祝いや季節の贈り物は、贈るタイミングを逃してしまうと、気持ちが伝わりにくいばかりでなく、迷惑になることも。贈答のそれぞれの趣旨に合わせて、相応しい時期をきちんと守るようにしましょう。

言葉を添えて　2

贈り物を手渡しするときは、必ず言葉を添えます。「つまらないものですが」と謙遜するのではなく、「おめでとうございます」「いつもお世話になっております」と、素直な言葉で気持ちを表すほうが好感を持たれます。

相手の都合を考えて　3

贈り物は直接お会いして渡すのが正式とされますが、慌しい現代では自宅に伺うとかえって先方の負担になる場合も。送り状を添えて郵送するほうがいいケースもあるので、相手の都合に合わせて贈り方も変えましょう。

【知っておきたい 大人の常識】

贈り物選びの注意点

贈り物は相手に喜ばれるものを選ぶことが大切ですが、品物によっては「縁起が悪い」「相手に失礼」とされているものも。縁起を大切にしている人や年配の人に贈るときは、注意が必要です。最近は縁起をそれほど気にしない人も多くなり、時代とともに解釈も変わってきています。迷ったときは、相手に聞いてから贈るのもよいでしょう。

くし

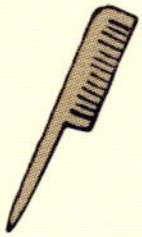

名前から「苦」「死」を連想させるので、縁起が悪いと受け取められることも。

靴・靴下

「踏みつける」という意味で、とくに目上の方への贈り物には避けられることも。スリッパや玄関マットなども同様。

カバン

仕事用のカバンは、「働く」イメージが強いため、「お疲れ様」という意味で贈るときは避けたほうが◎。

緑茶

香典返しなどの弔事に用いることが多いので、ふだんの贈答や訪問の手土産には避けることが多い。

鉢植え・椿の花

鉢植えは「根つく＝寝つく」を連想させ、ツバキは首が落ちるように花が落ちるのでお見舞いには縁起が悪いとされる。

ライター、灰皿

火事を連想させるので、新築祝いには避けられる傾向に。同じ意味で「赤いもの」も避けたほうがベター。

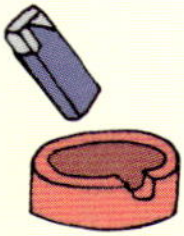

数の作法

贈り物のマナーとして、意外に大切なのが「数」です。一般に慶事は奇数がよいとされます。現金を贈るときはもちろん、品物の場合も数に配慮しましょう。とくに縁起がよいとされる吉数は3、5、7。偶数でも2は「ペア」と考えてよく、8は「末広がり」で縁起がよい数字になります。1ダース（12個）、半ダース（6個）も1セットと考えてOKです。逆に避けたい凶数は4（死）や9（苦）。キリスト教圏では13が不吉な数です。

1. 奇数は○
2. ペアなので○
3. 奇数は○
4. 「死」を連想させるので×
5. 奇数は○
6. 半ダースは1組と考えるので○
7. 奇数は○
8. 末広がりで縁起がよい
9. 「苦」を連想させるため×
10. 偶数（割り切れる）ので×
11. 奇数は○
12. 1ダースは1組と考えるので○
13. キリスト教圏では×

手土産の基本

相手の負担にならない「消えもの」がベスト

訪問先に持参する手土産は、後に残るものより、食べたり使ったりして楽しんだ後になくなる「消えもの」を選びます。たとえば有名店の個数限定のお菓子など、相手のために用意した物という印象があると、とくに喜ばれるでしょう。

贈る物は… お菓子などの食品、酒類、生花などで金額は1～3千円ほど。花を贈る場合、切り花は飾る手間も

お菓子は
人数分+1を用意
お花はそのまま
飾れるものを

あるので、そのまま飾れるフラワーアレンジメントがおすすめ。

避けたい物…訪問先の近所の店で購入したものは、いかにも間に合わせの印象を与えてしまうのでNGです。

渡すときのマナー

あいさつをすませてから

手土産は、客間に通されて正式なあいさつがすんだ後に渡すのが基本です。ケーキやアイスクリームなど冷蔵・冷凍が必要なものは、「すぐに冷蔵庫に入れてください」と玄関先で渡してもOK。生花など水分を含むものも玄関で渡します。

風呂敷や紙袋に入れて

手土産や贈り物は「気持ちを包む」という意味で、風呂敷に包んで持参するのが正式。やむをえない場合には紙袋を使用しますが、紙袋のまま渡すのはマナー違反。風呂敷や紙袋から出して品物だけを差し出します。

受け取るときのマナー

お礼の気持ちをていねいに表す

お礼を述べ両手で受け取ります。いただき物がリボンで結ばれているときは、「すぐ開いて喜んだ顔が見たい」という意味なので、目の前で開けます。生菓子なら一緒に食べるつもりで持参しているので「おもたせですが」と言って出しましょう。のし紙が掛かったものや菓子折は別室に持っていきます。

エアメール・国際小包の常識

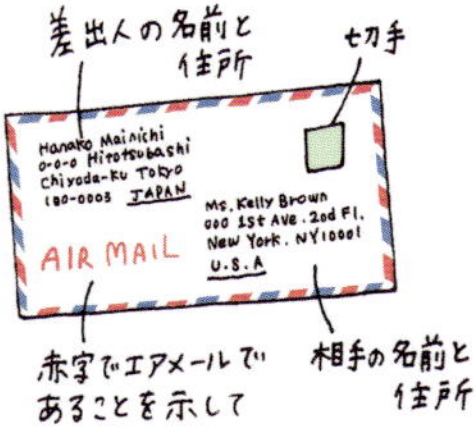

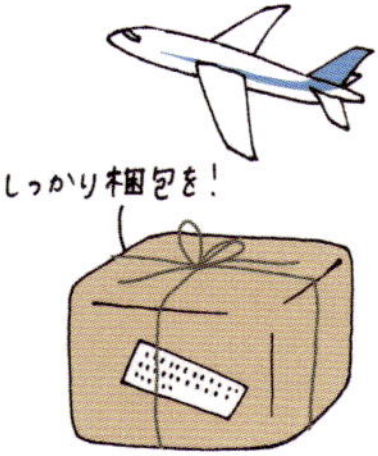

どうやって送る?

エアメールは、専用の縁取りのついた封筒もありますが、ふつうの封筒でも送れます。宛先は封筒の右下に書き、宛先の国名とエアメールであること(「AIR MAIL」「PAR AVION」)を明記し、規定の料金分の切手を貼って投函します。国際郵便小包を送る場合は、郵便局に専用のラベルがあるので、宛先等や差出人、内容物などを記入して送ります。

送れないものは?

危険物、生きた動物などの郵送禁止物品のほかに、ワシントン条約や、各国の法律で輸入規制されているものなども送れません。

料金は?

エアメールは、郵便の種類や封書の重さ、宛先の地域によって異なります。欧州・北中米・中近東などへ航空郵便で定形郵便物を送る場合は110〜190円ほど。国際郵便小包は、船便か航空便かによって大きく料金が異なります。

注意点

船便は、発送から到着までに1〜2か月かかることもあるので、郵便の種類と到着期日はよく確認を。また小包は各国を経由して届く間に荷物がつぶれたり、包装紙が破れることもあるので梱包は厳重にします。

Chapter 2

お祝い事の手紙と贈答

結婚【招く立場から】――依頼する

送る時期は…

媒酌人を依頼するときは 正式な和手紙で、理由を添えて

結婚式の媒酌人を依頼する手紙は、白無地便箋に縦書きの和手紙にします。媒酌を依頼する相手は、会社の上司や恩師などの目上の大切な人ですから、言葉遣いや文面は格式のあるあらたまった表現が適しています。

内容には、結婚のいきさつや結婚相手の簡単な紹介とともに、「日頃からいちばんお世話に

手紙の種類

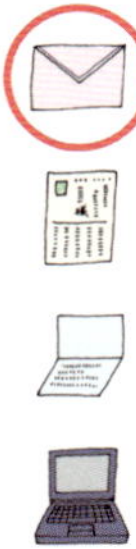

お返事

媒酌人や祝辞の依頼を受けたら、できるだけ早く返事を出します。内容は「喜んでお引き受けいたします」など、承諾したことを明確に。正式な封書で依頼を受けた場合でも、お祝いの気持ちを声で伝えたいときや、今後の都合も合わせて相談したいときなどは、電話で返事を伝えてもかまいません。

なっている○○様に」「恩師である○○先生に」など、相手に媒酌人という重要な役をお願いしたい理由を必ず添えましょう。

一方、祝辞（スピーチ）の依頼の場合は、相手との関係によって、言葉や形式を使い分けます。友人や学校の先輩といった親しい人には、自分らしい素直な言葉で、祝辞をお願いしたい気持ちを表現するといいでしょう。

媒酌人の依頼の手紙

謹啓　新緑が美しい季節となりました
皆様にはますますご健勝のこととお喜び申し上げます
さて　突然でございますが
この度　私どもは　結婚致すことに相成り
十月に挙式を披露致すことになりました
つきましては①ご多忙の折　誠に恐縮ではございますが
当日は山田様ご夫妻に媒酌人としてお願いしたく
お手紙を差し上げました　②私たち二人の恩師である
山田様ご夫妻に媒酌の役をお引受けいただければ
晴れの門出が一段と輝きを増し　またとない幸せです
ご承知いただけるようでしたら　改めて両家揃って
ご挨拶に伺いたく存じます
末筆ながらご家族の皆様には宜しくお伝えください
まずは書面にてお願い申し上げます
敬白
長谷川隆
小林直子

ポイント

❶ 相手の名前は行の上のほうに、自分側は下にくるようにします。自分側の名前や「私たち」という言葉が文の上にきてしまう場合は、一文字分、下げてからスタート。

❷「恩師」や、「お世話になっている〜」などの尊敬や感謝の言葉をさりげなく盛り込んで、相手にぜひお願いしたいという気持ちを伝えます。

祝辞の依頼の手紙

謹んで一筆申し上げます　虫の声に秋の気配を感じる頃となりました
佐藤先輩にはお変わりなくお過ごしのことと存じます
さて先日お話致しましたが　かねてよりおつきあいしていた同僚の方と
結婚することとなりました
佐藤先輩には大学時代より大変お世話になり　社会人になった今でも
何かと力になっていただき心より感謝しております
そこでひとつお願いがございます　私の尊敬するおひとりとして
スピーチをお願いしたいのですがいかがでしょうか
佐藤先輩にお祝辞をいただけたらとても嬉しいです
披露宴でお会いできるのを心から楽しみにしております
かしこ

ポイント

❶ 女性らしい頭語「一筆申し上げます」を使用。ここは、尊敬する人への依頼なので「謹んで」という一言も添えています。

❷ 結婚相手がどんな人かについても少しふれると親近感が増します。

❸ 祝辞を頼もうと思った理由や気持ちを、ストレートに伝えます。ただし押しつけがましい表現にならないよう、「いかがでしょうか」「～いただけたらとてもうれしいです」といったやわらかい表現に。

結婚【招く立場から】――招待する

送る時期は…

式のスタイルが分かりやすいよう配慮しましょう

結婚式の招待状は、差出人が誰かによって形式が変わります。両家の親の連名で出す場合は、格式を尊重した文面にするのが一般的です。新郎新婦の連名で出すときは、フォーマルな形式の中に親しみやすい表現を交えると、人柄や温かみが感じられてよいものです。レストラン・ウエディングや会費制のパーティなど、新しい

手紙の種類

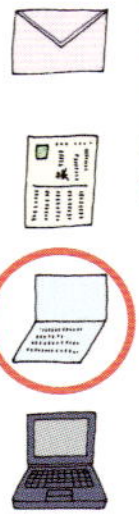

お返事

招待状に同封されてくる返信はがきで、早めに出欠を伝えます（返信はがきの書き方は28ページ参照）。電話や対面で連絡した場合でも、あとあとの出席者名簿や名札作成のことを考慮し、返信はがきは必ず送るようにしましょう。

スタイルの披露宴を行うときは、招待客が当惑しないように、式のスタイルがわかる一文を添えておくのがマナーです。

披露宴で祝辞や余興をお願いする人には、あらかじめ手紙や電話で連絡をしておき、招待状に依頼状(短冊)を同封します。挙式への参列依頼や、遠方の招待客へ交通費の負担を伝えるときも、短冊を添えてお知らせします。

短冊の例文

【挙式参列依頼】

誠に恐れ入りますが
挙式にもご参列賜りたく
当日は午前11時30分までに
会場へお越しくださいますよう
お願い申し上げます

【挙式参列依頼（親族向け）】

挙式の前に親族紹介を
行いますので　当日は
午前11時までに　親族控え室に
お集まりいただきますよう
お願い申し上げます

【スピーチ依頼】

誠に恐縮でございますが
当日披露宴でのご祝辞を
お願い致したく存じます
何卒宜しくお願い申し上げます

招待状――本人名義

拝啓　新緑の候　皆様にはますますご清祥のこととお慶び申し上げます
このたび①私たちは　結婚式を挙げることになりました
つきましては幾久しくご懇情をいただきたく
ささやかではございますが披露宴を催したいと存じます
②お忙しいところ　恐縮ではございますが
ご出席くださいますよう　ご案内申し上げます

敬具

平成○○年5月吉日

川村博光　高木朋子

記

日時　7月26日（日曜日）
　挙式　午前11時30分
　披露宴　午後12時30分
場所　ホテル○○○　鳳凰の間
　東京都中央区銀座○-○-○

なお　勝手ながら6月30日までにご返事をいただければ幸いと存じます

ポイント

① 媒酌人を立てない披露宴の場合は、「私たちは」「私ども二人は」などとします。

② 相手の都合にも配慮して、「来ていただきたい」とお願いする表現を。「呼んであげる」「来て当たり前」というニュアンスはNG。

※会費制や立食形式などの披露宴は、その旨も明記します。招待客が服装や祝儀などについて迷わずにすむよう配慮しましょう。

57ページの短冊の例文を参照。

NG

結婚や葬儀など、あらたまった儀式的な書状には句読点（「、」「。」）はつけず、代わりに一字分間隔をあけて文章を続けるのが正式です。新郎新婦が差出人の比較的カジュアルな招待状は、ふつうに句読点を使った文章でもかまいませんが、「重ね重ね」「返す返す」「近々」といった結婚の〝忌み言葉〟には注意しましょう（228ページ参照）。

結婚【招く立場から】——お礼と報告

送る時期は…

式後は、お礼の手紙や結婚通知を送りましょう

結婚式の後にも、お世話になった人へお礼の手紙を忘れずに送りましょう。媒酌人には新婚旅行から帰ったらすぐにお礼状を出します。後日あらためて両家でお礼にうかがうときでも、早々に礼状を出しておくと感じがよいものです。披露宴に招待できなかったのに結婚祝いを贈ってくれた人には、お礼の手紙とともに内祝を贈ります。

また披露宴に招待した人を含め、結婚を報告したい人には、式後1か月以内を目安に結婚通知を送ります。

媒酌人へのお礼状

謹啓　風薫る季節を迎えました
櫻井様ご夫妻にはますますご清祥のこととお喜び
申し上げます
　このたびは私どもの結婚式に際しまして
御多忙にもかかわらず媒酌の労をおとりいただき
誠にありがとうございます
　お陰さまで無事新婚旅行も終え　新居に落ちつ
くことができました　このような日を迎えることが
できましたのも　ひとえに櫻井様の御尽力のお陰と
双方の両親ともども深く感謝いたしております
　まだまだ未熟な二人でございますが
櫻井様御夫妻をお手本に　温かい家庭を築いて参り
たいと存じます
　何卒今後ともよろしくご指導くださいますよう
お願い申し上げます
　後日改めてご挨拶に伺いたく存じますが
まずは書面にてお礼を申し上げます

敬白

木村　聡
　　　沙紀

媒酌人へのお礼

手紙の種類

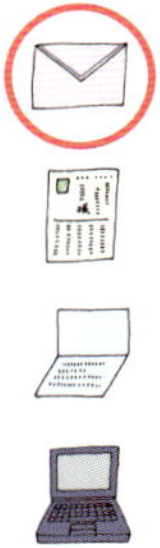

祝儀袋

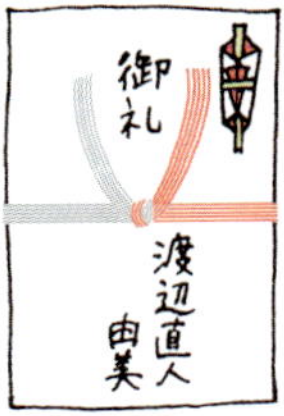

水引きは結び切り。表書きは「御礼」か「寿」とします。署名は両家の連名か、新郎新婦の姓名で贈ります。

結婚祝いのお礼の手紙

一筆申し上げます　桜のつぼみがほころぶ
季節となりました
加藤様におかれましてはお健やかにお過ご
しの事とお喜び申し上げます
さて　このたびはお心遣いをいただきまし
てありがとうございます
鮮やかで素敵なエプロンに感激致しました

ここ数か月は式の準備で慌しくなかなか
実感がわかないうちに時間が過ぎてしまいま
したが　結婚式を終えてからようやく落ち
着いて二人で過ごす時間が取れ　式での写真
や皆様からいただいたお手紙などを読み返し
ております

先週より　料理教室にも通い始めたばかり
でしたので　加藤様からいただいたエプロン
を持参しさっそく昨日から使っております
色も私の好きなグリーンで　さらに料理を

結婚通知

拝啓　各地から花便りが聞こえてくるこの
頃　皆様にはお変わりなくお過ごしのこと
と存じます
さて　このたび私たちは皆様からの祝福
を受けて　小林様御夫妻のご媒酌により
二月一日に結婚致しました
無事　新婚生活をスタートできましたの
も　日頃から御指導くださる皆様のおか
げと厚く感謝しております

これからは二人で力を合わせ　笑顔あふ
れる家庭を築きたいと思っております
なお　新居は千歳烏山駅から徒歩五分
ほどのところに構えました　お近くにお越
しの際は　是非お立ち寄り下さい
まだまだ未熟な私たちでございますが
今度ともどうぞよろしくご指導くださいま
すよう　お願い申し上げます

するのが楽しくなりそうです
まだまだ未熟な二人ですが　今後とも
ご指導のほどよろしくお願い申し上げます
寒暖の差が激しい季節ですので　体調など
崩されませんように
略儀ながら書中にてお礼申し上げます
かしこ

結婚祝いのお礼

手紙の種類

のし紙

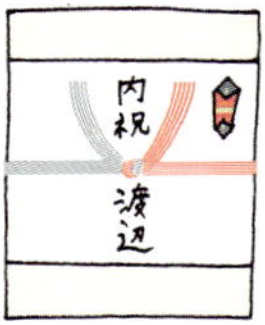

のし紙は紅白結び切り。表書きは「内祝」「結婚内祝」で、実家に入らず夫婦2人で新生活を始めるときは、夫婦の姓を書きます。

敬具

平成○○年三月吉日

〒一五七-○○七一
東京都世田谷区千歳台○○○-○○
電話　○三-○○○○-○○○○
三田村　博之
美奈子
（旧姓　高田）

結婚通知

手紙の種類

結婚【祝う立場から】――結婚祝い・祝電

送る時期は…

式当日か事前に

LETTER

返信はがきは早く出し、お祝い金や贈り物の準備を

結婚披露宴の招待状を受け取ったら、お祝いや招待へのお礼の言葉をひと言添えて、1週間以内を目安に返信はがきを出しましょう（28ページ参照）。

お祝い金は相手との関係や立場によって変わりますが、友人や同僚の披露宴に出席する場合は2～3万円が平均的。2万円の時は1万円札と5千

お祝い金の目安

関係	金額	
	披露宴出席	披露宴欠席
兄弟・姉妹	5～10万円	
親族	3～5万円	1～2万円
友人	2～3万円	5千～1万円
勤務先関係	2～3万円	5千～1万円

円札2枚にして包みましょう。夫婦で出席するときは、偶数をさけて2人で5万円を包むことが多いようです。披露宴に出席できないときは、手紙とともにお祝い金を郵送したり、式当日に祝電を打ってお祝いの気持ちを伝えます。

結婚祝いに品物を贈るときは、本人たちに欲しい物を聞いてから贈るといいでしょう。

手紙の種類

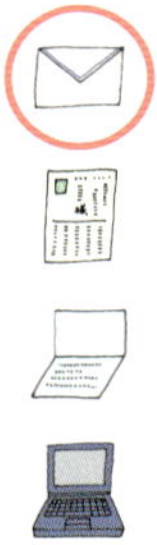

祝儀袋

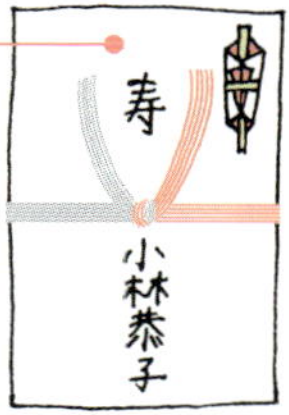

表書き

御祝《おいわい》

御結婚祝《ごけっこんいわい》

水引きは紅白や金銀の結び切り。祝儀袋はシンプルなものから和紙で豪華な水引き飾りがついたものまでいろいろありますが、包む金額が高くなるほど豪華な祝儀袋にすると○。

お祝いの手紙——親せきへ

美恵子さん
このたびは　①ご結婚おめでとうございます
お知らせをとても嬉しく拝見致しました
美恵子さんの美しい花嫁姿を想像すると
思わずうっとりしてしまいます

お料理が得意な美恵子さんですのでお相手の方も
毎日　家に帰ってくるのが楽しみなのではないでしょ
うか
これからは二人　力を合わせて明るく楽しい家庭
を築かれてください
②別便にてささやかなお祝いをお送りいたしました
新婚生活でぜひ使っていただきたいと思い
美恵子さんのお好きな花柄で統一された
キッチンアイテムを選びました
気に入っていただければ幸いです
③お二人の末永い幸せをお祈りいたします
まずはお祝いのご挨拶まで

かしこ

ポイント

① 親しい間柄なら形式的な季節のあいさつなどは省き、「おめでとう!」という気持ちを第一に、冒頭でお祝いの言葉を述べます。

② お祝いの品を送ったことを明記。選んだ理由や、喜んでもらえるとうれしいという気持ちを素直に伝えましょう。

③ 最後は、結婚する二人の幸せを祈る言葉で締めます。封書の封じ目は「寿」がベスト。

品物を贈るときのマナー

タイミング

挙式1か月前から遅くとも1週間前までに

披露宴の招待状が届いた頃から、挙式の1週間前までには贈ります。百貨店などから配送するときは、お祝いの手紙も一緒に送ります。贈り物を式当日に持参するのは、新郎新婦の荷物になるので避けて。

どんなものを贈る?

本人たちの希望に添った品物がいちばん

一般的には、新生活で使う食器や家財道具、家電などを贈ると喜ばれます。本人たちに、ブランド名や色など、できるだけ具体的に希望を聞いておくのが失敗しないポイント。

金額は?

1万円以内が一般的。
グループでお金を出し合っても

親族へ贈るときは高額になるケースもありますが、友人などへは5千～1万円ほど。何人かのグループでお金を出し合って贈れば、家電などの高価な品も贈れます。

NG

品物を贈るときは「つまらないものですが」といったマイナスな表現は避けます。またお祝いの手紙で自分の近況を長々と述べたり、相手と自分を比べて卑下するような表現もNG。「新しいスタートを〝切る〟」などの、忌み言葉にも気をつけましょう（228ページ参照）。

祝電

さまざまなデザインやプレゼントつきなど、祝電にはたくさんの種類があるので相手や予算に合わせて選びます。申し込みは指定日の1か月前から電話かインターネットで。宛先は式の会場、宛名は新郎新婦の名前にします。遅くとも、式の3時間前には届くように、式前日までには予約しましょう。

【祝電の文例――会社の先輩へ】

ご結婚おめでとうございます
○○部一同よりお祝いの気持ちを贈ります　笑顔あふれる明るい家庭を築いてください

【祝電の文例――友人へ】

ご結婚おめでとう　8年という長い年月をかけて愛を育んできたお二人の　新しいスタートを祝して

結婚祝いのカード——親せきへ

この度はご結婚おめでとうございます
嬉しいお知らせに自分のことのように心がはずんでいます
門出のお祝いに心ばかりの品をお送りいたしました
気に入っていただけると嬉しいです
式までの間　準備でお忙しいとは存じますがお体には気をつけて
裕子さんにとって最高の笑顔で当日迎えられることを心よりお祈りいたします

いつまでもお幸せに

お誕生日のお祝い

大切な人の誕生日には、カードを贈りましょう

誕生日のお祝いの手紙は、堅苦しい印象の封書よりも、メッセージカードなどのほうが、気軽で親しみがもてます。文面では、お祝いを素直に述べるとともに、日頃なかなか面と向かっては言えない感謝や尊敬、親しみの気持ちを言葉にすると、短い文でも印象的なカードになります。

誕生日に品物を贈るときは、物だけでなくカー

手紙の種類

お返し

品物を受け取ったときは、電話やはがきなどでお礼を伝えましょう。カードだけの場合はお返しは不要ですが、祝ってもらってうれしい気持ちをメールで伝えたり、相手の誕生日にカードを贈って〝気持ちのお返し〟をしても◯。

ドも添えて発送します。品物と別送する場合は、カードが少し先に着くくらいのタイミングで送りましょう。

［カード――義母へ］

お母様
もうすぐお母様のお誕生日ですね。おめでとうございます。

日頃お世話になっているお母様に感謝の気持を込めてシルクのシャツをお贈りいたしました。

このシャツを見た瞬間、いつもおしゃれなお母様の顔が思い浮かび実は少し前からお誕生日には…と決めておりました。

気に入ってくださると嬉しいです。

これからも変わらずに素敵なお母様でいてくださいね。

百合子

［カード――友人へ］

真紀ちゃん

お誕生日おめでとう！

真紀ちゃんのお誕生日をお祝いするのももう今年で10年ですね。

でも出会った頃から今でもいつもきらきらと輝き続けている真紀ちゃんは私の憧れです。


この1年、真紀ちゃんにとって多くの幸せが降り注ぎますように。

百合子

出産祝い

産後、落ち着いた頃にお祝いの品や手紙を贈ります

赤ちゃん誕生の知らせを聞くと、うれしさですぐにお祝いを伝えたい気持ちになりますが、出産直後は産婦は疲れが残っていたり、体調がすぐれないことも多いものです。産後、1週間ほどして少し落ち着いた頃を見計らい、お祝いの品や手紙を贈るようにしましょう。

お祝い金の目安

関　係	金　額
親　族	1〜2万円
友　人	5千〜1万円
勤務先関係	5千〜1万円

送る時期は…

友人や同僚から贈るなら、赤ちゃんが少し成長してから使える衣類やおもちゃ、アルバムなどが人気の品です。何を贈っていいか迷うときは現金や商品券を贈ってもかまいませんし、「出産お疲れさま」という意味で、母親本人へ家事育児に役立つ品を贈るのも気がきいています。

　身内から出産祝いを贈るときは、本人に欲しい物、必要な物を確認してから贈るようにするとよいでしょう。

手紙の種類

祝儀袋

水引きは紅白の蝶結び。出産祝い専用の祝儀袋も市販されています。

表書き

御出産祝《ごしゅっさんいわい》
御出産御祝《ごしゅっさんおいわい》
御誕生祝福《おたんじょうしゅくふく》
肌着料《はだぎりょう》

お祝いの手紙――友人へ

このたびはご出産おめでとうございます。
①安産で母子ともにお元気なご様子とのこと、安心致しました。
待望の赤ちゃんにご主人やご両親もさぞかしお喜びでしょう。
②すぐにでも可愛い赤ちゃんのお顔を拝見したいところですが、落ち着かれたころにお会いしたく存じます。
③産後は何と申しましても無理は禁物ですから、どうぞお大事になさってください。
ささやかながらお祝いの品をお送りいたしましたので、お納めいただければ幸いです。
お子様の健やかな成長と、ご家族のお幸せを心よりお祈り申し上げます。

かしこ

ポイント

❶ まずお祝いの言葉を述べ、無事出産の知らせを聞いてうれしい気持ちや、安心した心情を伝えます。

❷ 子どもに関心を示すと、親である相手もうれしく感じます。「赤ちゃんに会えるのを楽しみにしています」などの表現も◯。

❸ 産後は心身ともに大変なときなので、産婦の健康を気遣う文面もひと言入れましょう。

×NG

「男の子がほしいと聞いていましたが…」など、赤ちゃんの性別について良し悪しを言うのはマナー違反。性別にかかわらず無事出産されたことを心から喜ぶ文面にしたいものです。育児の大変さや生活の変化をあげ連ねるような、相手を不安にさせる内容も、避けるのは当然です。

お返し

出産祝いのお返しには、内祝を贈ります。生後1か月前後の時期に、お礼状や赤ちゃんの写真を添えて贈ると喜ばれます。金額はいただいたお祝いの半額程度が目安。伝統的なかつお節や角砂糖などのほか、最近はタオルや石鹸といった日用品や、カタログギフト、名前入りのお菓子などを贈るケースも増えています。

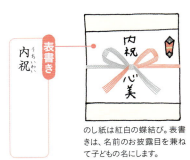

表書き

内祝《うちいわい》

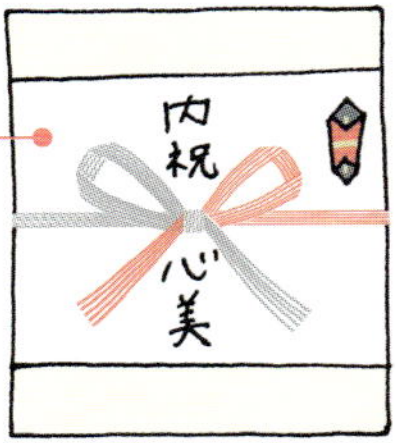

のし紙は紅白の蝶結び。表書きは、名前のお披露目を兼ねて子どもの名にします。

入園・入学祝い

贈り物をするなら新生活で使える実用品を

入園・入学のお祝いは、ともに子どもの成長を喜び、新たな旅立ちを祝福するものですから、基本的には祖父母や両親の兄弟・姉妹などの身内でお祝いします。身内以外の、ごく親しい友人などにお祝いを贈る場合は、相手にかえって気を遣わせるような高価な品は避けましょう。

お祝い金は、親せき間では5千～1万円が目安

お祝い金の目安

関係	金額
親せき	5千～1万円
知人	3～5千円

送る時期は…

入園・入学式の1週間～10日前

PRESENT

です。品物を贈るときは、これからの新生活で使える実用品が喜ばれます。たとえば入園ではお弁当グッズや手さげ袋、小学校入学ではノートや鉛筆など。中学校以上は本人の好みも出てくるので、図書カードや商品券もおすすめです。
　お祝いの品や手紙は入園・入学の1週間前には届くように、時期にも気をつけましょう。

手紙の種類

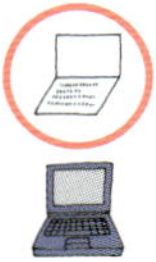

祝儀袋・のし紙

水引きは紅白の蝶結び。表書きは「ご入学おめでとう」とわかりやすく書いても○。

表書き

御《ご》入学《にゅうがく》御《お》祝《いわい》
（御《ご》入園《にゅうえん》御《お》祝《いわい》）
合格《ごうかく》御《お》祝《いわい》

お祝いの手紙――親せきの親へ

桜の花が美しい季節となりました。
皆様にはますますご健勝のこととお喜び申し上げます。
この度は隆明君の小学校ご入学、おめでとうございます。
❶ご家族の皆様もさぞお喜びのことと存じます。ランドセルを背負って元気に登校する隆明君の姿が目に浮かびます。
❷いつも明るくて素直な隆明君の、これからの成長がとても楽しみです。
❸なお、お祝いのしるしに、心ばかりの品を別便にてお送り致しましたので、ご笑納いただければ幸いに存じます。
隆明君とご家族皆様のご健康とご多幸を、心よりお祈り申し上げます。

かしこ

ポイント

❶ 子どもの入園・入学は、両親にとっては感慨深い一大イベント。相手の喜びに寄り添う言葉を盛り込みます。

❷ 子どもの成長ぶりを称えたり、これからの前途に期待を込める表現も好感をもたれます。

❸ カジュアルな送り状では「○○ちゃんに喜んでいただけたら幸いです」などでもOK。

本人への手紙は……

成長を喜び、お祝いの気持ちを伝えるのはもちろんですが、勉強や友だち作りといった、子どもにとってわかりやすい話題にもふれ、新しい生活に期待をもたせるようなメッセージを心がけます。

［お祝いの手紙――親せきの子どもへ］

加奈子ちゃん、中学校入学おめでとう。

　ついこの間、新しいランドセルを背負って小学校へ入学したばかりだと思っていたのに早いものでもう中学生になるのですね。


　いつも素直で明るい加奈子ちゃんだから中学校へ行っても新しいお友達がたくさんできることでしょう。勉強にスポーツにそしてお友達とたくさんの思い出を作ってください。

入学式の写真が出来たらぜひ見せてね。


　お祝いに中学生になっても続けると言っていたバレエのシューズを送ります。

また発表会も観に行きますね。


　加奈子ちゃんの中学校生活が楽しいものになりますよう、心からお祈りしています。

かしこ

お返し

入園・入学祝いにお返しは不要ですが、お祝いをいただいたら早めに電話やハガキでお礼を伝えます。小学生以上なら、子ども本人からもお礼を述べさせるのがマナーです。

卒業・就職祝い

身内や親しい人の間で社会への旅立ちを祝いましょう

小学校、中学校の卒業は次の学校への入学が決まっていることが大半ですから、入学祝いとしてお祝いし、卒業だけをあらためて祝う必要はありません。

高校、大学を卒業して就職するときには、社会人としての新しいスタートを身内や親しい人でお祝いしてあげましょう。就職祝いには、名刺入れ

お祝い金の目安

関係	金額
親せき	1〜3万円
知人	5千〜1万円

送る時期は…

就職先が決まったらすぐ

PRESENT

や定期入れ、万年筆、財布、手帳など、仕事で役立つ小物が人気です。ネクタイやスカーフ、化粧ポーチなどの身の回り品もいいですが、趣味がわからないときは現金や商品券が喜ばれます。

　贈る時期は、就職先が決まってから3月中旬くらいまでの間に。卒業後の進路が決まっていない場合は、表書きを「卒業御祝」として贈ります。

手紙の種類

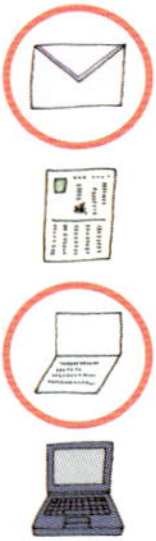

祝儀袋・のし紙

水引きは紅白の蝶結び。
のしをつけます。

表書き

卒業《そつぎょう》御祝《おいわい》
御《ご》就職《しゅうしょく》おめでとう

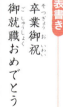

お祝いの手紙――親せきの子どもへ

桃の節句も過ぎ、春らしい陽気となりました。

この度はご卒業、そしてご就職おめでとうございます。

第一希望のデザイン会社に就職が決まったとのこと、①美穂子ちゃんの人柄と才能、そして熱意が評価された結果だと拝察いたします。

②何事にも真剣に取り組む美穂子ちゃんのことですから、きっとその努力が大きく実を結ぶことと確信しております。

③何か記念のものをと思いましたがこれからいろいろと必要なものがあるかと思いますので、ささやかですが商品券をお送りします。新生活に必要なものを買ってくださいね。

ご両親にもよろしくお伝えください。

美穂子ちゃんのご活躍を陰ながら応援しています。

かしこ

ポイント

① 本人のこれまでの勉強や就職が決まるまでの努力をたたえ、認める言葉を述べます。親に宛てて書くときは、親ならではの苦労や心配をねぎらってもいいでしょう。

② 社会に出る前の不安や緊張をやわらげ、社会人としての活躍や今後の健闘を期待します。

③ 現金や商品券を贈る場合は、「好きなものを買ってください」とストレートに伝えてもかまいません。

×NG

社会人の先輩として、さりげなくアドバイスをする程度はかまいませんが、くどくどとしたお説教や過度にプレッシャーを与える内容はよくありません。社会人の苦労を強調しすぎて不安をあおる文面も、お祝いの手紙にはふさわしくありません。

お返し

基本的にお返しは必要ありませんが、本人から手紙や口頭で感謝の気持ちを伝えることが大切です。就職祝いをいただいた人には、初任給をもらったら菓子折りやお酒など、ちょっとしたお礼を贈ると喜ばれます。身近にいる人なら、食事会を開いてもよいでしょう。

成人のお祝い

成人式用のアクセサリーなど「大人」を意識した贈り物をします

満20歳を迎えると、法律的にも社会的にも正式に大人の仲間入りをします。毎年1月の第二月曜日などには地方自治体が主催する成人式が各地で行われますが、成人という人生の大きな節目を、家族や身内でもお祝いしましょう。

成人祝いの贈り物としては、両親からは成人式用の晴れ着やフォーマルウエアを贈ることが多い

お祝い金の目安

関係	金額
親せき	3〜5万円
知人	1万円程度

送る時期は…

成人の日の1か月前までに

PRESENT

ので、それに合わせてアクセサリーやカフスボタンなどを贈るのも一案です。成人らしくワインやお酒もよいですし、上品な腕時計や香水なども大人の持ち物としてふさわしいでしょう。

成人式用の小物などを贈る場合は、成人の日の1か月前に、現金や商品券は1週間前を目安に贈ります。なお本人の20歳の誕生日に合わせて贈ってもかまいません。

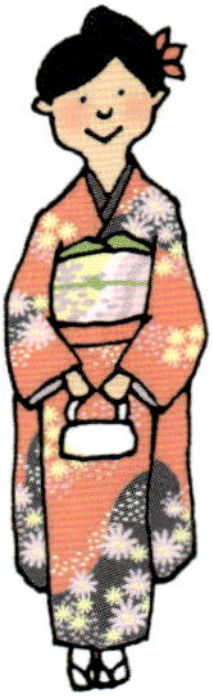

手紙の種類

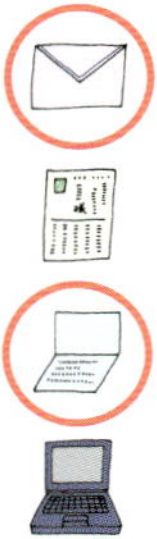

祝儀袋・のし紙

水引きは紅白の蝶結び。
のしをつけます。

表書き

成人式《せいじんしき》御祝《おいわい》
成人《せいじん》おめでとう

お祝いの手紙――子どもの両親へ

❶新春らしい穏やかな日が続いておりますが皆様お変わりございませんか。
さてこの度、明憲さんにはめでたく成人式をお迎えになられましたとのこと、心よりお喜び申し上げます。
❷御成人の日を迎えられ、さぞかしご家族の皆様もお喜びのことと存じます。
明憲さんも新たな抱負を胸に張り切っていらっしゃることでしょう。今後のご活躍をご期待申し上げます。

なお、心ばかりの品を別便にてお送り致しましたのでご笑納いただければ幸いに存じます。

寒い日が続いておりますので、体調を崩されませんよう、ご自愛ください。

まずはお祝いまで。

かしこ

ポイント
❶成人の日前後はまだ寒さの厳しい時期ですが、晴れやかなお祝いの送り状なので、明るい言葉やあいさつを選びます。
❷親に送る場合は、成人まで子どもを見守ってきた親の苦労をねぎらったり、成人を迎えた本人への期待を述べるといいでしょう。

本人への手紙は……

幼い頃を知っている場合は思い出話なども交え、健やかに成長して成人を迎えたことを喜びます。「強く優しい大人になって」など、成人としての心構えや期待することを盛り込むと、より心に残る手紙に。

[お祝いの手紙——姪やいとこへ]

美香ちゃん
　この度は成人式とのこと、おめでとうございます。

　幼い頃から美香ちゃんは人見知りすることなく、いつもにこにこ誰とでも仲良くできる可愛い子どもでした。お母様のスカートの裾をいつも一生懸命つかんで歩く姿を懐かしく思い出します。

　そんな美香ちゃんがもう二十歳になって成人式を迎えるなんて月日が経つのは本当に早いですね。

　お父様、お母様も美香ちゃんの晴れ姿にさぞかし喜んでいらっしゃることでしょう。

　これからは今まで以上にご家族への感謝に心がけ、そして強く優しい大人になってください。


　ほんの気持ちですがお祝いを同封します。

　お父様、お母様にもよろしくお伝えください。

かしこ

お返し

成人祝いのお返しは不要です。しかし本人からきちんとお礼を伝えます。遠い親せきの人などへは、お礼状とともに晴れ着や成人式の記念写真を送ると、よい記念になります。

昇進・栄転祝い

職場の慣例にしたがって部署全員で祝うのがマナーです

職場の上司や同僚が昇進・栄転したときは、所属する部や課でお祝いをします。職場にはさまざまな立場の人がいるので、社内で騒がしく祝うのは避けましょう。

上司の昇進・栄転では、幹事を立てて宴席を設けたり、部署の全員で記念品や花束などを贈ります。記念品は、祝い酒としてワインやブラ

贈り物と金額の目安

関 係	贈り物	金 額
親 族	お酒や身の回り品。目上の人には現金でなく、商品券を贈ります。	5千～1万円
友人・知人	身の回り品や趣味のもの。現金や商品券を贈ってもかまいません。	5千～1万円
勤務先	部署内でお金を出し合い、職場の前例に見合った記念品を贈呈。	1人2～3千円

送る時期は…

正式な辞令が出てから

PRESENT

ンデー、ベルトなどの高級小物が適していますが、職場の前例を確かめて贈ることが大切です。とくにお世話になった上司に個人的にお祝いをしたいときは、社外で渡すなどの配慮が必要です。

同僚が栄転するときは、やはり職場で記念品や餞別を贈ります。とくに親しいつきあいの人なら、引っ越しの時に寿司や飲み物を差し入れてもいいでしょう。

手紙の種類

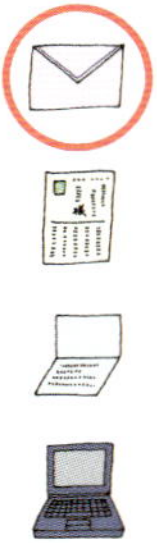

祝儀袋・のし紙

水引きは紅白の蝶結び。
のしをつけます。

表書き

御昇進《ごしょうしん》御祝《おいわい》
御栄転《ごえいてん》御祝《おいわい》

お祝いの手紙——義父へ

一筆申し上げます　青空がすがすがしい今日この頃
皆様にはお変わりなくお過ごしのことと存じます
さてこの度はニューヨーク支社長としてご栄転とのこと　誠におめでとうございます
❶お母様のお喜びもひとしおと存じます
海外での生活経験も長いお父様ですので公私共に充実した生活を過ごされるのではないでしょうか
❷遠く離れてしまい寂しい気持ちもありますが
私たち夫婦もお父様の吉報に大変嬉しく思っております
来月　太郎さんと改めてお祝いに伺いますのでその時にいろいろとお話しを聞かせてください
心ばかりのお祝いの品をお送り致しました
気に入っていただけると嬉しいです
まずは略儀ながら　書面をもって
お祝い申し上げますとともに
❸お父様のいっそうのご活躍をお祈りいたしております

かしこ

ポイント

❶最初に、「栄転おめでとうございます」というお祝いを。また栄転する人を陰で支えてきた家族にも気遣いを示すと、女性らしい思いやりが感じられます。

❷親しい人なら「離れてしまい寂しい」といった率直な感想も、気持ちが伝わります。仕事でお世話になった人へは、これまでのお礼も合わせて述べます。

❸職場や仕事関係の人への手紙では、今後のますますの活躍や発展を祈る言葉で手紙を結びます。

NG

相手の会社名や部署名・役職名が行末から次の行にかけて、2行にまたがってしまうと、失礼になります。長い役職名の場合は注意が必要です。また「流れる」「落ちる」「失う」「変更」「中止」など、前途に水を差すような忌み言葉にも気をつけましょう。

お返し

原則として昇進・栄転祝いにお返しは必要ありません。昇進では、ていねいなお礼状を送ればOKです。栄転の場合は引っ越し後、落ち着いた頃に転居通知を兼ねたお礼状を送ります。お世話になった人へは、赴任先の名産品などを贈っても。

祝儀袋・のし紙

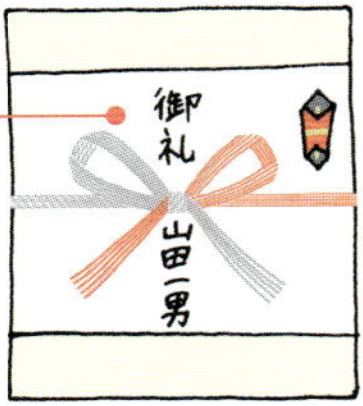

表書き
御礼《おれい》
御挨拶《ごあいさつ》

お返し品ののし紙は、紅白の蝶結びの水引きで、のしつきのものを使います。

新築・引っ越し祝い

新居で使える実用品などを贈ります
「火」を連想させるものはタブー

家の新築や引っ越しは、感動や夢がある反面、環境の変化や苦労も伴います。身内や友人など、親しくしている人が新居を構えたときは心からのお祝いを贈りましょう。

新築祝いや引っ越し祝いに贈る品は、玄関マットや花瓶、時計、ラグマット、観葉植物など、新しい住まいで使ってもらいたい実用品やインテリ

お祝い金の目安

関係	金額
親族	1～3万円
友人	5千～1万円
勤務先	5千～1万円

送る時期は…

披露までに届くように

PRESENT

ア用品が主流です。家の雰囲気や家族の趣味に合わない品をもらっても困るので、可能なら相手に希望を聞いてから贈るとよいでしょう。必要なものに自由に使える現金や商品券も喜ばれます。

新築祝いでは、ライターや灰皿、赤い色のものなど「火」や「火事」を連想する贈り物はタブーです。本人から特別なリクエストがない限り、避けたほうが安心でしょう。

火や火事を連想させる物は
タブー！

手紙の種類

祝儀袋・のし紙

御新築祝
山田花子

表書き

御《ご》新《しん》築《ちく》御《お》祝《いわい》

祝御新築《ごしんちくをしゅくす》

新《しん》居《きょ》御《お》祝《いわい》

水引きは赤白の蝶結び。のしつき。引っ越しやマンション購入のときは表書きを「新居御祝」とします。

お祝いの手紙――知人（招待へのお礼を兼ねて）

一筆申し上げます。

新緑の木々が光り輝く季節となりました。

この度はご新居落成のお知らせ、心からお喜び申し上げます。

❶庭つきのご新居とは、お羨ましい限りです。

❷住みやすくて人気の場所ですから、ご家族もさぞお喜びのことと存じます。

来春には新しい家族が増えるとのこと、ますます賑やかになりますね。

❸お招きをいただきました来月二十日には皆様とのご歓談を心から楽しみにしております。

まずは取り急ぎお祝いまで。

かしこ

ポイント

❶新築の場合は家の設計や庭、間取りなどをほめます。マンションや集合住宅なら便利な立地や環境に注目する手もあります。

❷新しい生活や家族の暮らしを想像し、楽しい生活が待っている雰囲気に。

❸新築披露に招待されているときは、招待のお礼を述べます。招待を受けていないときは「落ちついた頃に遊びにうかがわせてください」など興味を示すと喜ばれます。

※新築祝いの品を贈ったときは「心ばかりの品を別便にてお送りしましたので、ご笑納ください」など。
※引っ越しの場合は「お引っ越しの片づけなどでお忙しいことと存じますが、あまり無理をなさらずに…」など生活の変化を気遣う一文を。

お返し

新築披露に招待した人は、新居のお披露目がお返しになるので、それ以上のお礼や贈り物は必要ありません。お祝いをいただいていて招待できなかった人には、「新築内祝」として半額程度の品を贈ります。

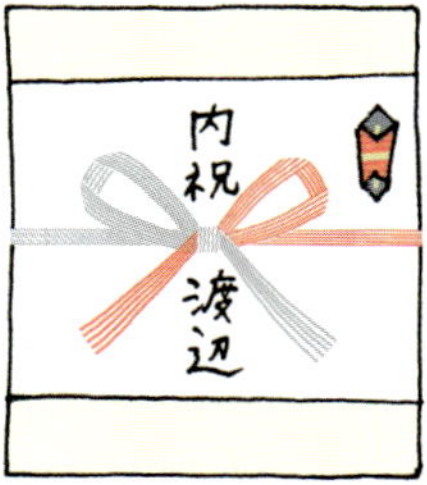

内祝ののし紙は赤白・蝶結びの水引きで、のしつき。

起業・開店祝い

手紙で激励や祝福を贈り物は観葉植物や花が人気

　友人・知人がお店を開いたり、事務所を構えたときは、これからの健闘や成功を祈ってお祝いします。起業・開店の知らせを受けたら、まずは手紙で祝福を伝えましょう。

　お店や事務所の披露パーティに招待されているときは、贈り物は当日に持参するか、前日までに届くように発送します。品物は、招き猫などの縁

送る時期は…

お祝い金と品物の目安

関係	金額
親族・知人	1万円前後

起物を贈る場合もありますが、インテリアの雰囲気を選ばず、失敗が少ないのは観葉植物や鉢花、花のアレンジメント、お酒など。出費の多いときなので現金を包んでもいいですし、親しい人には希望を聞いて、必要な実用品を贈ってもかまいません。

披露パーティに出席できないときは、祝電を打ったり、花を届けるなどして、お祝いの気持ちを贈ります。

手紙の種類

祝儀袋・のし紙

水引きは赤白の蝶結び。
のしをつけます。

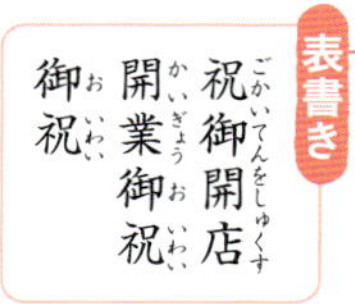

お祝いの手紙――知人（招待へのお礼を兼ねて）

お手紙拝見いたしました。

このたびは開店のご挨拶状ならびに開店披露パーティにお招きいただきまして、誠にありがとうございます。

❶喜んで出席させていただきます。

佐恵子さんが長年夢見ていたアクセサリーショップの開店ということで私も❷自分のことのように嬉しいです。

❸佐恵子さんのデザインするアクセサリーはどんな服装にも合わせやすくどれも気に入っております。

パーティ当日にお会いできるのを楽しみにしています。

取り急ぎお返事とお祝いまで。

かしこ

ポイント

❶親しい人であれば、季節のあいさつなどは不要。招待へのお礼を述べ、出席の場合はその意思を、欠席の場合はお詫びを伝えます。

❷開店・起業という新しい門出を一緒に喜ぶ気持ちを言葉に。

❸開店までの苦労をねぎらったり、開店を実現した相手の努力・才覚をほめるのも〇。

NG

新築祝いの場合と同様に、「赤」や「燃える」など火や火事を連想させる言葉はタブーです。「閉じる」「傾く」といった縁起の悪い忌み言葉も避けて。不況の話題や先行きに不安を感じさせる文もお祝いの手紙には不向きです。

お返し

披露パーティに招待することがお返しになるので、出席者へはお返しはいりませんが、店名・社名の入った記念品を配ると宣伝にもなります。お祝いをいただいていて出席できなかった人へは、記念品と礼状を贈りましょう。

祝儀袋・のし紙

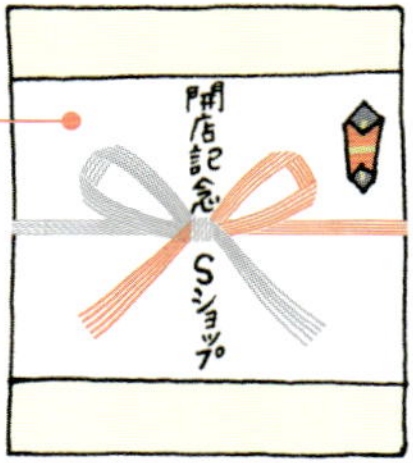

水引は紅白の蝶結び。のしをつけます。

表書き

開店記念《かいてんきねん》
開業記念《かいぎょうきねん》

受賞（章）のお祝い

贈り物は、鯛などのおめでたい品を祝賀会にはお祝い金を持参します

賞を受けることを受賞、国の褒章・勲章を受けることを受章といいます。身内や恩師、親しくおつきあいをしている人の受賞（章）を知ったら、すぐに電話をかけるか直接訪ねてお祝いを述べます。電話や訪問がはばかられるときは、祝電やお祝いの手紙で祝福を伝えましょう。

送る時期は…

LETTER　知ったらすぐ

PRESENT　受賞後10日以内

お祝金の目安

関係	金額
一般的に…	5千～1万円

NG
当日プレゼントは持参しない
注
会費制の場合はお祝い金を用意しなくてもOK

受賞（章）直後にお祝いの品を贈るなら、日本酒などの酒類や、鯛、伊勢海老などのおめでたい品が最適。間をあけて贈るときは絵画や陶器など、記念に残る品を選びます。

祝賀会に招かれているときは、当日お祝い金を持参します。金額の目安は賞の内容や会場規模などによって異なりますが、会費制の祝賀会の場合は会費がお祝いになるので、あらためて金品を贈る必要はありません。

手紙の種類

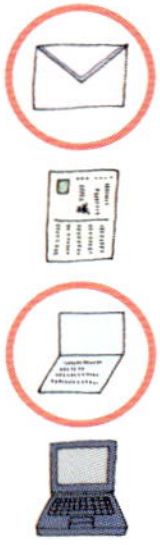

祝儀袋・のし紙

水引きは赤白の蝶結び。のしをつけます。鯛など祝い魚を贈るときはのしなしに。

表書き

御祝《おいわい》
受賞《じゅしょう》（章《しょう》）御祝《おいわい》
祝御受賞《ごじゅしょうをしゅくす》（章《しょう》）
御受賞《ごじゅしょう》（章《しょう》）御祝《おいわい》

お祝いの手紙――恩師宛て

一筆申し上げます
垣根の朝顔も咲き始め　日本の夏を感じる今日この頃ですが　ご家族の皆様にはお健やかにお過ごしのことと存じます
さて　このたびは①○○賞の受賞　まことにおめでとうございます
佐々木教授の②長年の研究が実を結ばれたものと深く感服いたしております
毎日暑い日が続いておりますので　どうか夏のお疲れが出ませんようにお気をつけくださ い
来月の学会にて佐々木教授とお会いできるのを心より楽しみにしております
まずは書中にてお祝い申し上げます
かしこ
平成○○年七月三十日
山田花子
佐々木教授

ポイント

① 賞(章)の名称などは、略したりせずに正確に記します。「賞」と「章」など、文字の書き間違いにも注意しましょう。

② 受賞に結びついた実績やこれまでの努力をたたえ、敬意を表す言葉を添えると喜ばれます。

×NG

受賞（章）した作品に対する個人的な好き嫌いを述べたり、以前の不遇の時代にふれたりするのは、受賞の喜びに水を差すことになるので、親しい間柄でも避けます。大きな賞ほど受賞直後は慌しいので、昔の思い出話など、目的外の内容をくどくどと述べるのもＮＧ。お祝いを簡潔に伝えましょう。

お返し

祝賀会に招いた人へは、お返しとして記念品を用意します。出席できなかった人へは、礼状といただいた品の半額程度のお返しか、記念品を贈ります。祝賀会を開かなかった場合も、お祝いをいただいた人には記念品を贈りましょう。

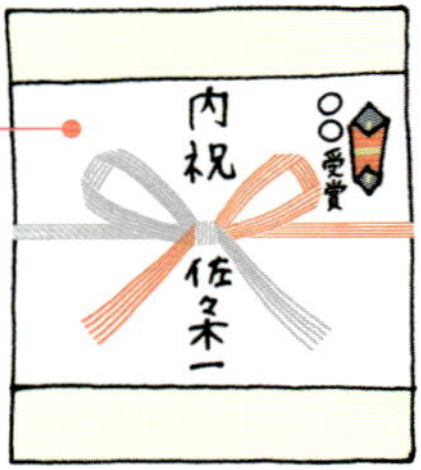

水引きは赤白の蝶結びで、のしつき。表書きは「内祝」とします。

表書き

内祝《うちいわい》

（右肩に「○○賞（章）受賞」と入れることも）

長寿のお祝い

本人の意向や健康状態に配慮して長寿をお祝いしましょう

これまでの長寿を喜び、これからの健康と長生きを願うのが、長寿のお祝いです。昔は数え年61歳の還暦から祝いましたが、現在の満60歳はまだ現役の人も多いため、最近は70歳の古希から祝うことも多くなっています。還暦以外は満年齢と数え年、どちらで祝ってもかまいません。

贈り物として喜ばれるのは、衣類やマフラーな

お祝い金の目安

関係	金額
子ども	2～3万円
親せき・孫	5千～1万円

送る時期は…

誕生日の当日
祝宴の
前日までに

PRESENT

どの身の回り品、趣味の品、旅行券など。家族そろっての会食もいい記念になりますが、年齢が高いだけに本人の希望や健康状態にも十分配慮したいものです。

賀寿の名称と年齢

年齢（数え年）	名称
61歳	還暦《かんれき》
70歳	古希《こき》
77歳	喜寿《きじゅ》
80歳	傘寿《さんじゅ》
88歳	米寿《べいじゅ》
90歳	卒寿《そつじゅ》
99歳	白寿《はくじゅ》
100歳	百寿《ももじゅ》
108歳	茶寿《ちゃじゅ》
111歳	皇寿《こうじゅ》

※112歳以上珍寿

手紙の種類

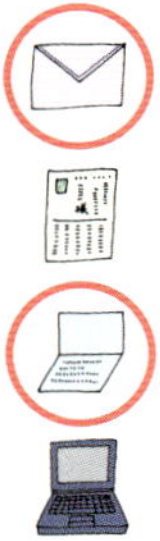

祝儀袋・のし紙

水引きは赤白の蝶結び。
のしをつけます。

表書き

祝○○（祝の下に賀寿を入れる）
寿福《じゅふく》
祝御長寿《ごちょうじゅをしゅくす》

お祝いの手紙――祖母へ

さわやかな秋晴れが続いておりますが、おばあ様にはお変わりなくお過ごしのことと存じます。

さて、この度は、❶米寿をお迎えとのこと、おめでとうございます。

❷おばあ様はいつもおしゃれで、女性として一番の憧れです。❸人生の大先輩として、教えていただきたいことがたくさんありますのでこれからもいろいろとご指導ください。

お祝いのしるしにおばあ様がお好きなピンクのスカーフを選びました。気に入っていただけると嬉しいです。

いつまでも、おしゃれで素敵なおばあ様でいらしてください。そしてこれからも、長生きしてくださいますようお祈りいたします。

朝晩は冷え込みますのでどうかお体にはお気をつけください。

かしこ

ポイント

❶古希、喜寿、米寿など記念の賀寿(長寿祝い)を明記してお祝いを述べます。

❷「若々しい」「ご壮健」と年齢に似合わず元気なようすを強調したり、「いつもおしゃれで」など、尊敬の念や相手をたたえる言葉を盛り込みます。

❸「今後もご指導ください」など、相手を気にかけ、頼りにしている心情を示しても◯。

×NG

お祝いの手紙や贈り物が、誕生日や長寿を祝う日から遅れて着くのは、間が抜けてしまうのでNG。「病気」や「死」、「折れる」、「枯れる」などの老いや衰えをイメージさせる言葉にも気をつけます。

お返し

長寿祝いには、基本的にはお返しは必要ありません。祝宴を催して盛大に祝った場合には、招待客に紅白餅や赤飯、記念品などを内祝として贈ることもあります。

旅行のプレゼントなら、旅先で楽しんでいる写真を返しても◎

水引きは赤白の蝶結び。のしつき。表書きは「内祝」。

お礼の手紙を書くコツ

お祝いをいただいたときのお礼の手紙は、タイミングがとても大切です。「お祝いしてもらってうれしい」という気持ちをすぐに伝えるのが目的なので、簡潔な文でよいので2〜3日以内を目安にできるだけ早くお礼状を出しましょう。目上の人へは封書が基本ですが、親しい人であればはがきやカードでOKです。いただいた品物やそれを食べたり使ったりした感想、家族の反応などを具体的に記すと、喜んでいるようすがよく伝わります。お祝いの種類によっては、記念写真などを同封して手紙を送ると、より印象深いお礼になるでしょう。

子どものお祝いのお礼

子どもが幼いうちは親が本人に代って、喜んでいるようすを伝えます。「さっそく使っています」「カッコイイ！と鏡をずっと眺めていました」など。子どもが手紙を書けるようになったら本人からも一筆お礼を。

成人のお祝いの手紙

本人がお礼状を出します。「まだ学生の身ですが、これからは○○な大人になりたいです」など、今後の抱負を述べるのも好印象です。

昇進・栄転祝いのお礼

新しい役職や赴任地での、これからの決意や抱負を伝えるといいでしょう。「今後も変わらぬご支援を」とお願いするのも大人のマナーです。

新築・引っ越し祝いのお礼

転居通知を兼ねてお礼状を出します。相手にもよりますが、定型の「お近くにお越しの際はお立ち寄りください」は固い印象になりがち。「手料理を用意して待ってます」など、遊びに来てほしい気持ちを前面に。

起業・開店祝いのお礼

「みなさんのおかげで実現できた」という感謝の気持ちを文章にします。起業・開店後のようすや、今後の夢や抱負も盛り込みましょう。

Chapter 3

季節ごとに送りたい
感謝の手紙と贈り物

お年賀・年賀状

送る時期は…

とくにお世話になっている人にはお年賀をもってあいさつに

両親や会社の上司など、とくにお世話になっている目上の人のお宅へ、新年のあいさつにうかがうのが年始回りです。元日を避けて2日以降に、先方の都合を確かめてから訪問します。年賀の品は、菓子折りやお酒、果物、タオルなど、手土産程度の手軽な品を選びます。年末にお歳暮を贈って

手紙の種類

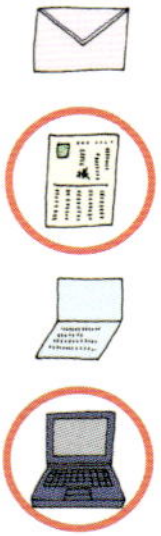

のし紙

水引きは赤白の蝶結び。
のしをつけます。

表書き

御年賀《おねんが》　御年始《おねんし》

いない場合は、少し上乗せして贈りましょう。

幅広い人への新年のあいさつである年賀状は、元日に着くように前年早めに準備します。「謹賀新年」「あけましておめでとう」といった新しい年を祝う賀詞や文面、写真の有無などは、送る相手によってふさわしい形式を使い分ける必要があります。また印刷した年賀状でも、ひと言、手書きメッセージを添える心配りを忘れずに。

御年賀のあいさつでのマナー

年賀状——目上の人へ

謹んで新春のご挨拶を申し上げます

旧年中はいろいろとお世話になりました
本年もどうぞよろしくお願い申し上げます

ご家族の皆様のご健康とご多幸をお祈り申し上げます

平成〇〇年　元旦

ポイント

❶ 謹賀新年、賀正、迎春などの賀詞は、ひとつの文書にひとつだけ使うのがマナー。目上の人へは「寿」「賀正」など1～2文字の賀詞は避けます。

❷ 「元旦」は1月1日の朝のこと。日付と一緒に使うと重複になります。「A happy new year」は「よいお年を」という意味で年末に使うので、新年に届けられる年賀状には「Happy new year」が正式。

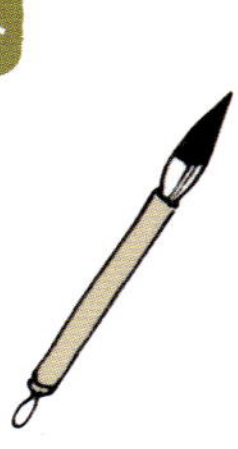

お年玉

表書き

◆目上の人に贈る場合
御慶《ぎょけい》
新年《しんねん》御《ご》挨拶《あいさつ》

◆子どもに贈る場合
お年玉
明けましておめでとう

親せきや親しい人の子どもへは、絵入りのポチ袋で。金額は年齢により、2千〜1万円ほどが目安。祖父母や両親など、目上の人に現金を贈るときは小さい祝儀袋を使います。

喪中のQ&A

近親者に不幸があった場合の対応は…

身内に不幸があったときは、一年間喪に服すしきたりがあるため、新年の年賀状も「年賀欠礼」のはがきを送って辞去します。形式の決まった欠礼用のはがきを使い、11月末〜12月初旬までに着くように発送します。

[喪中欠礼の例文]

喪中につき年末年始のご挨拶
ご遠慮申し上げます
去る○月　父　山田次男が他界いたしました
平素のご芳情に深く感謝いたしますとともに
明年も変わらぬご厚誼のほどお願い申し上げます
平成○○年十二月
東京都中央区銀座一丁目○○
銀座ビルディング8階
山田花子

寒中見舞い

喪中の人への新年のあいさつや年賀状へのお礼に適しています

「寒中見舞い」の本来の意味は、寒さの厳しい季節に相手の健康を気遣って送るあいさつ状です。新年の松が開けた1月8日から、2月4日頃の立春までに送ります。

最近では、年賀欠礼の知らせがあった相手に、年賀状に代わって寒中見舞いを

寒中見舞いはがきのデザイン

喪中の人へ送る場合はもちろん、寒中見舞いには年賀はがきを使わないように気をつけましょう。絵入りのものなら正月のおめでたい柄でなく、冬の季節を感じさせるシンプルな絵柄のものに。

送る時期は…

送ったり、喪中に年賀状を受け取ったときの返事として出すことが多くなっています。旅行で年末年始に留守にしていた場合など、遅れて新年のあいさつをするときにも、寒中見舞いを送ります。

　文面は、最初に「寒中お見舞い申し上げます」という定型のあいさつを掲げ、続けて年賀状へのお礼や欠礼通知が遅れたお詫び、簡単な近況報告などを述べます。最後は、相手の体調を気遣う言葉で結ぶのが一般的です。

手紙の種類

お返事

年賀状の返事としての寒中見舞いには、返信は必要ありません。喪中に寒中見舞いを受け取ったときは、お礼を兼ね返信するとていねいです。

余寒お見舞い申し上げます。
　このたびはお見舞い状を
ありがとうございます。
　おかげさまで私どもも元気に
暮らしております。
桜の咲く頃ぜひ遊びにいらして
ください。
季節の変わり目、どうかご自愛く
ださいますようお祈りいたします。

寒中見舞い——年賀状のお返しとして

［通常の場合］

寒中お見舞い申し上げます

❶年頭にはご丁寧な年賀状をいただきありがとうございます。お陰様で私どもは一同元気に暮らしております。

❷暖冬とはいえ、どうか風邪などお召しになりませんようご自愛ください。

ポイント

❶年賀状をもらったことへのお礼を述べます。合わせて新年の過ごし方や家族の近況などを簡単に記してもいいでしょう。

❷寒い時期ならではの、相手の健康を気遣う言葉を添えます。「ご自愛ください」は「ご自分の体を大切にしてください」の意。

喪中のお宅に年賀状を出してしまった場合

喪中を知らずに年賀状を出してしまったときや、年賀状の投函後に欠礼はがきを受け取ったときは、失礼をお詫びする一報を送っておくと安心です。その際、故人の冥福を祈る言葉や家族の心情を察する言葉も添えましょう。

[文例]

このたびはご服喪中とは存じませず年賀状を差し上げてしまい、大変失礼を致しました。

深くお詫びを申し上げます。

遅ればせながら、謹んでご冥福をお祈り申し上げます。

皆様には、さぞかしお淋しくご越年のことと拝察いたします。寒さ厳しい折柄一層ご自愛のほどお祈り申し上げます。

[喪中に年賀状をくれた人へ]

寒中お見舞い申し上げます

このたびはご丁寧に①新年のご挨拶をいただき、誠にありがとうございます。

服喪中のため、年賀状を差し控えさせていただきました。

②ご通知が遅れましたこと、どうぞお許し下さい。

本年もご交誼のほどよろしくお願いいたします。

ポイント

① 「年賀状」はおめでたい言葉になるので、喪中の場合は「新年のごあいさつ」「年頭のごあいさつ」「お年始状」などと書き換えます。

② 年賀欠礼の通知が遅れたり、行き届かなかったことに対して、お詫びを述べます。

お中元

季節を感じる食品類が人気！品物に送り状を添えて贈ります

お世話になっている人に、夏のごあいさつとして贈るのがお中元です。離れて暮らす両親や親類、仕事関係の人、媒酌人や恩師など目下の人から目上の人へ贈るのが通例ですが、親しい人同士で品物を贈り合うこともあります。

贈る時期は、関東では7月初旬から7月

のし紙

赤白の蝶結びの水引きで、のしつき。魚介や肉類などの場合はのしなし。

表書き

御《お》中元《ちゅうげん》
暑中《しょちゅう》御《お》伺《うかがい》
暑中《しょちゅう》御《お》見舞《みまい》

◆時期を過ぎてしまったら…

残暑《ざんしょ》御《お》見舞《みまい》

送る時期は…

15日までの間。関西など7月下旬から8月中旬にかけて贈る地域もあります。品物は、そうめんやジュースといった季節感のある食品や、家族や職場で楽しめる菓子類が人気です。親しい人へは洗剤などの実用品、ビール券なども喜ばれます。

お中元は正式には持参するのがマナーですが、最近は百貨店などから直接送っても失礼にはなりません。配送するときは、贈った旨のあいさつ状を必ず郵送しましょう。

贈り物の目安

POINT!
お中元を贈ったらお歳暮も贈って！
お中元を贈った人にはお歳暮も必ず贈ります。どちらか1回にするならお歳暮だけに。

あいさつ状――親せきへ

一筆申し上げます。
①いよいよ夏本番を迎えましたが、皆様お変わりございませんか。私たち家族は皆とても元気にしております。
②叔母様には日頃から大変お世話になり心より感謝申し上げます。
本日はお中元のしるしとして○○○の冷やしそうめんを別便にてお送り致しました。
③暑い夏を少しでも涼しく過ごしていただければ幸いです。
数日ほどで届くかと存じますのでぜひ皆様でお召し上がりください。
まだまだ暑さ厳しい折、くれぐれもお体を大事になさってください。

かしこ

ポイント

①目上の人への手紙では、簡単でもいいので季節のあいさつや相手の健康を気遣う言葉からスタート。続けて近況を伝えたり、連絡をしていなかったお詫びを述べても○。

②お世話になったお礼や、日頃の感謝の気持ちをストレートに。

③贈った品物を具体的に伝えます。「暑い時期を少しでも涼しく過ごしてほしいと思い」など、品物を選んだ理由を添えても。

×NG

よく使われる「つまらないものですが」という言い方は、へりくだったつもりでも受け手にはよい印象をもたれません。「ささやかですが」「心ばかりですが」などの言葉に換えましょう。また逆に、品物選びや贈った理由の説明が長すぎるのも、恩着せがましい印象になってしまうのでNG。

お返し

お中元にお返しの品は必要ありませんが、到着したことを知らせるためにも早めにお礼状を出します。妻が夫に代わって礼状を書くときは、署名は夫名で横に「内」と書くのが正式。親しい間柄であれば、電話やメールで喜びの声を伝えてもOK。

【お礼状の例――部下へ】

暑い日が続いておりますが
ご家族皆様お元気のご様子、
何よりでございます。
日頃は主人が大変お世話に
なっており、また本日、お心づく
しのお中元が届きました。
お心遣いありがとうございます。
見た目も美しいゼリーは家族全員
喜んでおり早速、食後にいただこ
うと思います。
暑さで体調を崩されませぬよう
お過ごしくださいませ。

村松　篤志
内

お歳暮

年の瀬の大切なごあいさつ。感謝の気持ちを贈りましょう

お歳暮は、年越しにお供えする米や塩鮭を贈ったのがはじまり。現代では、一年の締めくくりに、お世話になった人へ感謝の気持ちを込めて贈ります。仕事関係であれば職場で食べられる菓子類やジュース、個人にはお酒や高級ハム、調味料セット、海苔などがおすすめ。お歳

のし紙

表書き

御歳暮《おせいぼ》
献上《けんじょう》
御年賀《おねんが》
寒中御伺《かんちゅうおうかがい》

水引きは赤白の蝶結び。魚介、肉類を贈る場合以外はのしをつけます。

お返し

お歳暮をいただいたら、すぐにお礼状を出しましょう。年末の押し迫った時期でも、お歳暮のお礼と年賀状を兼ねるのはマナー違反。品物でお返しをする必要はありません。

送る時期は…

12月初旬〜20日ごろ

PRESENT

暮はお中元よりも大事な贈答になるので、お中元より安い品にならないように注意し、12月初旬から20日くらいまでの間に届くように手配します。

新巻鮭《あらまきじゃけ》などの正月用の生鮮品などは、年の瀬に届けることもありますが、相手が留守にすることもあるので、早めに電話や手紙で予定を知らせます。年内に届けられない場合は、表書きを「御年賀」「寒中御見舞」にします。

あいさつ状を品物に同封するときは、手紙を封筒に入れ、封筒の表には宛名を書きます。

贈り物の目安

あいさつ状――主人の実家へ

一筆申し上げます。早いもので今年も残すところあとわずかとなりました。お父様もお母様もお変わりございませんか。
①いつも温かく見守っていただき、心から感謝しております。
本日、今年一年の感謝の気持ちを込めて心ばかりの品をお送り致しました。
②お父様、お母様はワインがお好きとおっしゃっていたので、ワインとチーズのセットです。
最近私もワインに興味があり、今度ぜひ美味しい飲み方を教えていただければ幸いです。それではお正月にお目にかかれるのを楽しみにしております。
これからますます寒くなりますのでお身体を大事になさってください。

かしこ

ポイント

①具体的にお世話になったことがあれば、そのお礼を伝えます。常に見守ってもらっている親や親類には、日頃の感謝を言葉にして。

②品物名と、その品物を選んだ理由を簡単に書くと、相手のことを思って贈った気持ちがよく伝わります。珍しい品物を贈ったときは食べ方や使い方を説明しても○。

お歳暮 Q&A

家庭をもったら贈らないといけないの？

結婚の媒酌人や、家の新築などでとくにお世話になった人へは感謝の気持ちを贈りたいもの。ただしお中元お歳暮はその年限りでは失礼になるので、「今回だけ」と決めて贈るなら表書きを「御礼」とします。

喪中のときはどうする？

お歳暮は、お世話になった人への感謝の表現ですから、喪中の人宛てに贈っても問題はありません。

今年から贈るのをやめたいのですが……

贈答をやめて、急に縁が途絶えてしまうのは寂しいものですから、品物の代わりに季節のあいさつ状を送るなどして気遣いを示しましょう。

【お礼状の例】


今年も残すところあとわずかになりました。

本日、宅配便にて大好きなクッキーのセットが届きました。

いつも温かいお心遣い、ありがとうございます。

早速紅茶を入れて家族全員で美味しくいただいております。

お正月にご一家で里帰りされるとのこと、久しぶりに来年から小学生に上がる由美ちゃんにもお会いできるのが今から楽しみです。

寒い日が続いておりますので、くれぐれもご自愛くださいませ。

まずはとり急ぎお礼まで。

かしこ

暑中見舞い・残暑見舞い

送る時期は…

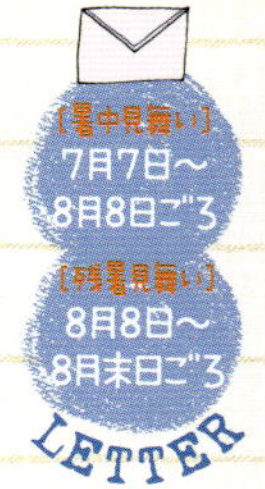

暑い季節のあいさつ状。夏らしい絵柄も喜ばれます

暑中見舞いは、ふるさとの両親や親類、公私でお世話になった人などに送る、夏の季節のあいさつ状です。暑さの厳しい季節に相手の健康を気遣うとともに、しばらく会っていない相手には、こちらの無事も伝えると安心してもらえます。夏休みの旅行先から友人や家族に向けて、旅先の感想や

手紙の種類

近況を添えて暑中見舞いを送ることも多いようです。

　暑中見舞いを送る時期は、7月7日頃（二十四節気の小暑）から8月8日頃（立秋）にかけて。立秋を過ぎたら、「残暑見舞い」に切り替えます。文章は「暑中（残暑）お見舞い申し上げます」という決まったあいさつで始めます。暑中見舞い用の官製はがきや夏らしい絵柄の絵はがきを送れば、涼やかで、もらってうれしい夏の便りになるでしょう。

二十四節気とは…？

二十四節気は、古代中国で考えられた季節を表す節目。太陽の動きや天候、生き物のようすなどで1年を24等分したもので、「立春」「立秋」「夏至」「冬至」など、日本でも季節を感じる大切な目安になっています。

暑中見舞い――知人へ

暑中お見舞い
申し上げます

❶連日の猛暑が続いておりますが、お変わりございませんか。
おかげさまで家族一同、元気に過ごしております。
❷今年こそは、休暇を取ってそちらへ遊びに行こうと
思っております。
皆様とお会いできるのが今から楽しみです。
日中は日差しも強いのでくれぐれもお体に
気をつけてください。

平成○○年　盛夏

ポイント

❶「猛暑」でない場合は、「本格的な夏を迎え」、「夏もいよいよ本番」などでもいいでしょう。親しい人へは「ビールのおいしい季節」「蝉の鳴き声もにぎやかになり」などの、季節を実感する言葉でも○。

❷こちらの近況や、夏の帰省予定を伝えるなど、その人らしいメッセージを記しましょう。結びは、暑い最中に相手の体調を思いやるひと言でまとめるとよいでしょう。

季節の便り Q&A

旅行に出ていて暑中見舞いの返事を出せなかったのですが…

8月8日頃の立秋を過ぎてから8月いっぱいくらいまでは「残暑見舞い」で送ればよいでしょう。9月以降は、時季に合った季節のあいさつで手紙を始めます。返事が遅れた理由やお詫びの言葉を盛り込むと、遅い返事でも相手の気持ちを損ねません。

秋や春に送る、季節のあいさつ手紙。決まり文句はある?

春や秋には、「暑中見舞い」や「寒中見舞い」のような決まったあいさつはありません。「早春の候」「春陽の項」、「秋晴の候」「秋冷の候」といった時候の言葉や、季節のあいさつ(214ページ参照)を添えて、季節感のある手紙を心がければよいでしょう。

お返事　親しい人には電話や直接会ってお礼を伝えてもいいですが、夏の間に会う予定のない相手には、近況報告も兼ねて返事の手紙を送ります。

【暑中見舞い返事の例文】

暑中お見舞い申し上げます

ご丁寧な暑中見舞い
ありがとうございます。
おかげさまで私たち家族は
皆とても元気です。中学生の
長男は炎天下の中、毎日、野
球の練習に頑張っております。
先日、家族全員で試合の応援
に行きましたが、私たちも暑
さとの戦いでした。
まだまだ、暑さが続きますの
でお体に気をつけて健やかに
お過ごしくださいますよう
お祈り申し上げます。
まずは、お礼かたがた
暑中お見舞いまで。

母の日・父の日

いつも家族を想ってくれる両親に感謝の気持ちを贈ります

5月の第2日曜日は「母の日」です。もとは母親にカーネーションを贈るアメリカの風習が起源ですが、日本でも母親に感謝を示す日として定着しています。贈り物は衣類や、スカーフなどのファッション小物、趣味の品など。本人が日頃欲しがっていたものや、自分では買わない少しぜいたくな

送る時期は…

[母の日]
5月
第2日曜

[父の日]
6月
第3日曜

PRESENT

手紙の種類

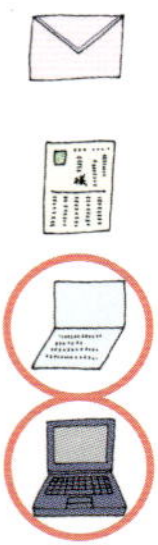

祝儀袋・のし紙

水引きは赤白の蝶結びで、のしをつけます。デザイン的な封筒などでも可。

表書き

日頃の感謝を込めて
お母さんありがとう

品を選ぶと喜ばれます。義理の母や高齢の母へは、エプロンや調理食品など、相手を働かせることになる贈り物は、避けるのが思いやりです。花を贈るならカーネーションにこだわらず、母親の好きな花を選ぶとよいでしょう。

「父の日」は、6月の第3日曜日です。お酒やグラス、シンボルフラワーの黄色いバラにちなんだ黄色いグッズなどを贈って、「ありがとう」の気持ちを伝えましょう。

色別カーネーションの花言葉

【白】
不滅の愛

【赤】
母の愛情

【黄色】
軽蔑、嫉妬

【ピンク】
感動、熱愛

【絞り】
愛の拒絶

【うすいピンク】
試練に耐えた誠実

母の日のカード——義母へ

お母様へ

母の日によせて日頃の感謝の気持ちを贈ります。
①お母様の好きな○○ホテルのレストランチケットを選びました。
お料理が得意なお母様ですがこの日ばかりはお父様とゆっくりお食事に出掛けてくださいね。
これからもお体に気をつけて、
お元気でいらして下さい。

ポイント

※親しい人への贈り物なのでおしゃれなカードなどに、心を込めて言葉をつづればOK。

① 贈った品物と、選んだ理由を具体的に書きます。いつも家事で忙しい母親へは、「母の日くらいはゆっくり休んで」という気持ちを贈るのも喜ばれます。

お返し

家族のお祝いなので、お返しはいりません。祝ってもらってうれしい気持ちを電話などで伝えましょう。

父の日のカード――義父へ

お父様へ

❶いつも私たちへの温かいお心遣いに感謝しています。
この一年の感謝を込めてお父様の好きな新潟の地酒をお送りしました。

それと雄介がおじいちゃんの似顔絵を描いたので一緒に送ります。なかなか上手に描けていますよ。

これからもずっとお元気で、お母様と仲よく人生を楽しまれてください。

ポイント

❶ふだんはなかなか伝えられない感謝の気持ちを、素直に言葉にします。健康を気遣ったり、「夫婦で仲よく」と家族の幸せを願う文もいいでしょう。

贈り物アイデア

母の日と父の日を一緒にして、両親に「夫婦で旅行を」と旅行費用を贈るのも素敵なアイデア。このほか両親の顔を見に実家を訪れたり、家族そろって会食をするのも、思い出に残るプレゼントになります。

バレンタインデー・ホワイトデー

送る時期は…

［バレンタインデー］
2月14日

［ホワイトデー］
3月14日

PRESENT

愛情や、日頃の感謝を込めて チョコレートを贈ります

2月14日のバレンタインデーは、欧米では恋人同士で贈り物を交換する習慣があります。日本では女性から好きな男性にチョコレートを贈る日として広まっています。

意中の男性や恋人に贈るなら、品質を誇る有名ブランドチョコレートや手作り

手紙の種類

お返し

一般にバレンタインのお返しは、ホワイトデーに贈ります。恋人や家族に贈るなら焼菓子などのプチギフト以外に、花、ディナーなど。義理チョコへのお礼は小分けになったお菓子やハンカチなど。しかし、あくまでも感謝の気持ちを伝えるイベントなので、一方的にお返しを期待するのはマナー違反です。

チョコが最適です。夫婦や家族の間で贈るときは、日頃の感謝を込めて、チョコレートとちょっとした品物を一緒に贈ってもいいでしょう。職場の上司や同僚に〝義理チョコ〟を渡すときは、不要な誤解を与えないようにグループで贈るのがマナーです。

３月14日ホワイトデーに、男性から女性にバレンタインのお返しを贈るのは日本独自の風習。プレゼントを贈ったり、ささやかなお菓子でお礼を伝えると好印象です。

甘いものが苦手な人には

チョコレートの代わりに、その人が好きなお酒や甘くないお菓子、花などを贈るのも一案です。

会社関係なら合同で

「○○課女子一同」などとして、グループで贈れば、贈る側・受ける側ともに負担になりません。

バレンタインのカード

[義父へ]

お父様
いつも私たちを温かく見守ってくださり
ありがとうございます。
今年のバレンタインはマミと一緒に
チョコレートを作りました。
マミも「おじいちゃん喜んでくれるといいね」
と一生懸命作っていました。
これからも優しくて素敵なお父様で
いらしてくださいね。

[上司へ]

佐藤部長
日頃、佐藤部長には何かとお世話になり
心より感謝しております。

贈り物アイデア

最近は、バレンタインデーやホワイトデーを、男性女性を問わず、身近な人に感謝や慰労、親しみの気持ちを伝える日ととらえる風潮もあります。友だち同士で〝友チョコ〟を贈り合ったり、家族の中で小さな贈り物をしたり。もちろん日々頑張っている自分に、ごほうびのスイーツを贈るのも◎。

市販のチョコでも
ちょっと
ラッピングすれば
あら ステキ

感謝の気持ちを込めて女子社員より
チョコレートを贈ります。
①ぜひ奥様と一緒にお召し上がりください。
今後ともご指導のほどよろしくお願い
申し上げます。

営業部　女子一同

【取引先の人へ】

株式会社○○○○
中村様

いつもお世話になっております。
②日頃の感謝の気持ちを込めましてささやか
ですが、チョコレートを贈ります。
今後ともよろしくお願い申し上げます。

株式会社○○○　山田　花子

ポイント

① 既婚者に贈るときは、チョコレートを自宅に持ち帰ることも多いので、家族に心配を与えないよう「奥様と一緒にお召し上がりください」といった配慮の言葉を忘れないようにしましょう。

② 仕事の関係の人へは、誤解を招いたり、その後のおつきあいに支障が出ることがないように「日頃の感謝」の気持ちで贈ることを明記します。

クリスマス・シーズンズグリーティングス

送る時期は…

12月初旬～12月25日

LETTER

海外の友人・知人にはクリスマスカードを送ると喜ばれます

クリスマスは本来、イエス・キリストの生誕を祝うキリスト教の宗教的儀式です。欧米ではこの時期、友人・知人の間でカードを送り合う習慣があるので、海外に住む友人や親類には、この時期にクリスマスカードを送ると喜ばれます。ただし他の宗教の信者には

手紙の種類

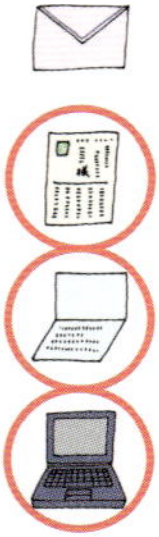

お返事

贈り物をもらったときは、お返しは必要ありませんが、うれしい気持ちを伝えてお礼を述べましょう。クリスマスカードをもらったら、返事を出します。クリスマス時期は海外の郵便も混雑が予想されるので、早めの返信を。親しい間柄なら電話やメールでお礼を伝えてもＯＫです。

クリスマスを祝う習慣はないので、お祝いの言葉を季節のごあいさつ＝シーズンズ・グリーティングスと換え、絵柄にも注意しましょう。

日本では、家族や親しい人を集めてパーティをしたり、贈り物をするのが一般的。贈り物にはクリスマスらしいカードを添えましょう。小さな甥や姪宛てには、12月1日から25日までをカウントダウンするカレンダーカードなどを贈っても、クリスマス気分が盛り上がりそうです。

カード――友人へ

Season's Greetings! (Merry Christmas!)

美奈子へ
パリはもうクリスマス一色なのでしょうね。
今年の予定はもう決まりましたか。
私は家族でクリスマスパーティを開く予定です。
今年10歳になる美紀も準備にはりきっています。
また日本に帰国する際は連絡くださいね。
①美奈子にとって素敵なクリスマスとよい年が訪れますようお祈りいたします。

ポイント

① 欧米ではクリスマス休暇が年末年始まで続くので「よいお年を」という意味も込めて送ります。

帰省のお礼

自宅に戻ったらすぐに感謝の手紙を送るのがマナー

年末年始などに実家へ帰省したときは、自宅に戻ったら早めにお礼状を出しましょう。とくに実家に泊まったときは、食事や布団の用意などで、実家の親や家族に手間をかけさせているもの。別れ際にお礼を述べていても、あらためてお礼状を出すのが大人のマナーです。帰省の際に家族や孫たちと撮った写真があれば、同封するといっそう喜ばれるでしょう。

送る時期は…

手紙の種類

おれいの手紙――義母・義父へ

一筆申し上げます。

お正月は、お父様、お母様の温かいおもてなし、心より感謝申し上げます。
❶子供たちも皆で行った初詣がとくに思い出に残っているようでさっそく絵日記を書いておりました。
写真も出来上がりましたので同封致します。

全員で撮った写真が一番のお気に入りでリビングに飾っております。

まだまだ寒い日が続きますのでお父様、お母様にはくれぐれもご自愛くださいますようお願い申し上げます。

かしこ

ポイント

❶帰省中のもてなしや、温かい気遣いに対してお礼を述べます。皆で過ごした間の思い出について具体的にふれると、印象深い手紙になります。

旅のおみやげ

送る時期は…

旅先でしか手に入らない「味覚」を贈るのがおすすめ

旅行に行っていない人にも、旅の気分や感慨をおすそ分けするのが、お土産です。家族や友人に贈るなら地方の銘菓・名産品など、その土地でしか入手できない味覚がおすすめ。相手の趣味がわからないときは、置き物など残る品は避け、消えものを選ぶほうが無難です。

職場の人に休暇中の旅行土産を渡すときは、旅の自慢になるような品は控え、休暇中のフォローに対するお礼として、小分けのお菓子類を持参すると○。

おみやげに添えて――友人へ

この連休に主人とのんびりドライブしながらゴルフをしに軽井沢へ行ってきました。

地元で有名なレストランで作っている手作りのジャムが美味しかったのでお土産にお送りします。

パンの他にヨーグルトに入れても美味しかったですよ。

ぜひ味わってみてくださいね。

手紙の種類

お返し

お土産にお返しは必要ないので、電話や手紙でお礼を伝えるようにします。お世話になっている人やよくお土産をいただく相手には、自分が旅行に行った際にお土産を買ってきて贈るようにすればOKです。

季節のものを贈る

新茶や秋の味覚を贈り
“旬”を楽しんでもらいましょう

ふだんからお世話になっている人や離れて暮らす家族・親類に、季節を感じるちょっとした品を贈るのも素敵です。とくに新茶や桜茶、秋の味覚などのその季節にしか手に入らない特産品は、贈る側と贈られる側とで一緒に季節を楽しむのに最適です。

果物や魚介などの生鮮品を贈るときは、配送の間に傷まないように梱包や配送方法に配慮が必要です。事前に電話やあいさつ状で、到着予定を伝えておきましょう。

贈り物に添えて――叔母へ

りんごの美味しい季節になりました。
叔母さまの焼くアップルパイが大好きで
この季節になるといつも叔母さまを思い出します。
今年も蜜がたくさん入ったリンゴをお送りします。
ぜひ、ご家族で召し上がってください。
またこれで美味しいアップルパイを作ってくださいね。

「贈ってあげた」「大変だがわざわざ贈っている」といったニュアンスにならないように注意。一緒に季節や、季節の特産品を楽しみたいので贈ったという感じで、さりげなくさわやかな文章にしましょう。

手紙の種類

お返し

基本的にはお返しは不要です。電話やメール、手紙で、お礼や贈り物を楽しんだようすなどを伝えます。また住んでいる土地に季節の特産品があるなら、季節に合わせて贈ると喜ばれます。

感謝を表すいろいろな手紙

お世話になった相手へは感謝の手紙を

お金やものを借りた、身元保証人などを引き受けてもらった、縁談や就職の紹介をしてもらった——。そんな、自分のために人に面倒をかけたときや、人から厚意・親切を受けたときには感謝の手紙を送りましょう。恩師や病院の先生などの人を指導する立場の人であっても、気遣いを当然と思わず、節目節目に感謝の気持ちをしたためましょう。

手紙アイデア

ちょっとした親切や心遣いに対する感謝なら、季節の花の造花に手紙を結んだ「結び文」を送っても〝粋〟です。

【感謝の手紙のポイント】

早く気持ちを伝えたいときには、手軽に書けるはがきが便利。あらたまった相手に送るときや、人目にふれては困る要件のときは封書にします。感謝の気持ちを品物に託して贈る場合も、品物に必ず手紙を添えましょう。文面は下の４か条を参考に、簡潔でも心の込もった内容を心がけましょう。

感謝を伝える4か条

1 すぐに出す

時間がたつほど、感謝や喜びは薄れてしまいます。間をおかず、3日以内には発送を。

2 感想・感謝の言葉は具体的に

何に対して感謝しているか、相手の厚意や尽力がどのように役に立ったかを具体的に伝えましょう。

3 報告を入れる

お世話になった結果を伝えます。期待した成果が得られなくても報告するのがマナー。

4 別件の用件を書かない

別の用件を書いてしまうと、「ついでにお礼を述べている」印象になってしまいます。

お金を借りたお礼の手紙

一雨ごとに春めいてまいりました。

ご家族の皆様にはお元気でお過ごしのこととお喜び申し上げます。

さてこのたびは ❶突然の無理なお願いにもかかわらず、快く聞き入れてくださいましてありがとうございます。

本日確かに銀行振り込みにて〇〇万円を受け取りました。

おかげ様で❷入院費用を支払うことができ、何とか急場を切り抜けることができました。妻の陽子ともども深くお礼申し上げます。

❸拝借したお金はお約束どおり〇月〇日に必ずお返しに上がります。

末筆ながら、奥様にもよろしくお伝えください。

皆様の益々のご健勝をお祈りしております。

後日、改めてご挨拶に伺わせていただきますが、取り急ぎお礼とご報告を申し上げます。

かしこ

ポイント

❶ 相手に負担をかけるお願いをしたときは「ご無理なお願いを～」「ご面倒なお願いを～」「不躾な申し出を～」などとふれ、恐縮する気持ちとお礼を伝えます。

❷ 結果や経過を報告し、相手のおかげで助かったこと、役に立ったことなどを具体的に盛り込みます。

❸ 返済の予定や期日、方法について明記し、安心してもらうことも大切。

※ お金や大切なものを借りたときは、借用の申し出を引き受けてもらったとき、実際に借りたとき、返済がすんだときと、節目ごとにお礼状を出すとていねいです。

お世話になったお礼——病院の先生へ

○○先生
謹んで一筆申し上げます
この度の入院中は大変お世話になりました
ありがとうございます
お陰様で少しずつ体調がよくなり、もうすぐ会社にも
復帰できそうです
❶そのため今は　身体を慣らすために公園をゆっくりと
散歩をしながらリハビリをしております
❷食事も毎日美味しくいただくことができ　健康でいる
ことがこんなにも幸せなのだと改めて実感いたしました
ここまで来ましたのも　先生のお陰とありがたく
感謝しています
季節の変わり目ですのでくれぐれもご自愛ください
ますようお祈り申し上げます
かしこ

ポイント

❶相手に指導や尽力をしてもらったその後の、近況を報告します。生活ぶりや状態がわかるように具体的に書くのがポイント。

❷お世話になったことにあらためて感謝します。実感のこもった感想を添えるのも○。

お世話になったお礼――習い事の先生へ

年の瀬も間近になり気ぜわしい日が続いておりますが
佐藤先生にはますますご活躍のことと
お喜び申し上げます
お稽古では温かなご指導をありがとうございます
①おかげさまで少しずつですが　自分自身でも上達を
感じ　日々楽しく学んでおります
さて　②ほんの感謝の気持ちなのですが　本日
アップルパイをお送りさせていただきました　私の故郷
である長野のりんごを使用したアップルパイです
お口に合えば嬉しいです
これからもできる限り精進してまいりたいと思います
のでご指導のほど　よろしくお願い申し上げます
何かと慌しい季節ですが　お身体に気をつけて
よいお正月をお迎えください
かしこ

ポイント

① 習い事の楽しさや上達・進歩のようすを伝えると、相手は喜びややりがいを感じます。

② 品物を贈るときは、相手が負担に感じないようおおげさな表現は避けます。また華道や茶道の歴史ある教室では、お礼や贈り物も慣例に添って行うことが大切です。

お詫びの手紙を書くコツ

人に不愉快な思いをさせてしまったときや、不便・迷惑をかけてしまったときは、早急にお詫びの手紙を書きます。内容では、まず自分側の落ち度を素直に認め、謝罪します。トラブルの背景や事情の説明は、あまり長いと言い訳がましくなるので、相手が納得できる程度に簡潔にまとめます。お詫びとともに、反省や今後の対応などにもふれ、相手に気持ちをおさめてもらうことが大切です。
逆の立場でお詫びの手紙を受け取ったときは、相手の謝罪や反省を受け止めた旨、早めに返事を送ると、その後の関係修復がスムーズです。

お詫びの手紙の例文

取り急ぎ申し上げます。

いつも博史と仲よくしていただきありがとうございます。

さて、このたびは、博史が美帆ちゃんのノートを誤って自宅に持ち帰り、美帆ちゃんの宿題にご迷惑をかけてしまいましたこと、深くお詫び申し上げます。大変申し訳ございません。

悪気がなかったとはいえ、博史の不注意からなるものですので、今後このようなことのないよう厳しく注意し、博史も大変反省しております。

どうか、美帆ちゃんにも、博史が謝っていたことをお伝えくださいますようお願いいたします。

今回のことはどうかお許しいただき、今後ともご交誼のほどよろしくお願い申し上げます。

かしこ

お詫びの手紙の返事

お手紙拝見いたしました。

このたびはご丁寧にありがとうございます。

博史君が悪気なくノートを持ち帰ってしまったことは、美帆の不注意でもありますのでどうぞお気になさらないでください。

いつも美帆からは博史君にはいろいろと勉強を教えていただいていると聞いており、親子共々、心より感謝しております。

また博史君とご一緒に遊びにいらしてください。

こちらこそ今後ともご交誼のほどよろしくお願い申し上げます。

取り急ぎご返事まで。

かしこ

Chapter 4

招待・お知らせの手紙

招待状の書き方の基本

どんな催しなのか相手にわかるように書きましょう

会合や催しへの招待の手紙は、情報を正確に伝えることが大切です。日時や場所、連絡先、会費の有無、会場までの地図などは簡潔かつ正確に記しましょう。もちろん、せっかくのお誘いの手紙ですから、受け取った人が参加したくなるような催しの目的、魅力についても盛り込みます。

ただし、どんなに立派な会合でも出席を強要するような表現は失礼です。忙しい相手の都合にも配慮して、謙虚に参加をお願いしましょう。

出欠の返信はがきを同封する場合や、あらたまった会合では、催しの1か月前までに着くように発送します。カジュアルなパーティでも、2週間ほど前には招待状が着くように送ると、参加者が予定を調整しやすく親切です。

招待状に明記したい項目

- 日時
- 場所
- メンバー
- 催しの目的、内容
- 会費の有無
- 出欠の確認

招待状の基本構成

❶ お花見パーティのご案内

❷ 桜のつぼみも膨らむお花見のシーズンがやってまいりましたが、
皆様いかがお過ごしでしょうか。

❸ さて、今年も恒例のお花見パーティを開催することとなりました。
美しい桜を愛でながら美味しいお料理と一緒に
皆で楽しいひとときを過ごしましょう。
奮ってのご参加をお待ちしております。

❹ 記

日時　4月1日（土）午前11時～午後2時
場所　リストランテ○○
〒104-0061　東京都中央区銀座5丁目
TEL　○○○-○○○○
会費　3,000円（当日受付にてお支払いください）

❺ ※ お手数ですが出欠のお返事を3月20日までに下記まで
ご連絡くださいますようお願い致します。
幹事：村田まで　連絡先090-○○○○-○○○○

❶**タイトル**　冒頭に大きめの文字で、催しの名称や、趣旨を簡潔に表したタイトルをつけます。

❷**時候のあいさつ**　季節のあいさつを述べます。催しの趣旨や招待するメンバーに合わせた文面に。

❸**催しの目的、内容**　催しの目的と内容を簡単に紹介します。参加したくなるような楽しい雰囲気が○。

❹**詳細**　日時や場所などは、案内文から一行開けて「記」と記し、まとめると明快。交通案内や地図などを添えるとさらに親切です。

❺**返事についてなど**　出欠の返事が必要なものはその旨を明記して、連絡先や期限を記します。

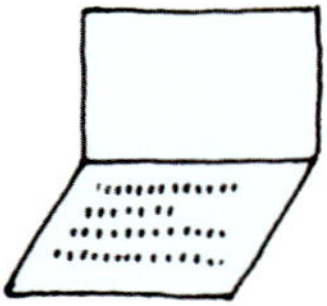

展覧会・発表会の招待

送る時期は…

LETTER

開催日の1か月〜10日前

見てほしいポイントを伝えたり気軽に行ける雰囲気が大切

習い事の発表会や、趣味の作品の展覧会への招待状は、たくさんの人に足を運んで鑑賞してもらうための案内ですから、堅苦しくなりすぎないはがきやカードが最適です。文面では、「1年間の練習の成果を見てください」「初めて受賞した絵画を展示します」など、

手紙の種類

招待状をもらったら…

友人・知人から招待を受けたら、できるだけ会場に足を運んでお祝いを伝えましょう。大きな発表会・展覧会ではお酒やお菓子、花、お祝い金を贈る場合もあります。

都合が悪く、行けない場合はお詫びの手紙を書きます。当日に祝電やお祝いを贈っても喜ばれるでしょう。金額は、入場料相当額を目安にしますが、一般的には5千円程度が多いようです。

会の趣旨や見てほしいポイントを伝えると、相手の興味を誘います。

当日のトラブルを避けるために、来場に費用がかかる場合は、きちんと費用を明記します。「招待枠」で招待する人は、金額を消して「ご招待」と記したチケットを同封します。招待であっても強引な誘い方は避け、「来てもらえるとうれしい」「気軽に見に来てほしい」という気持ちで案内を送りましょう。

展覧会の案内状

水彩画展のご案内

さわやかな五月晴れの日が続いております。
皆様におかれましてはますますご健勝のことと
お喜び申し上げます。
さて、五月十日から三日間、銀座のギャラリーにて
水彩画を展示することとなりました。
趣味で描き続けていた水彩画ですが
❶今年で十年を迎えます。
大きな節目として皆様にも作品をご覧いただければ
幸いです。
❷お近くにいらした際はぜひともご来場ください。

ポイント

❶ 会の趣旨を伝えます。特別な意味合いや思いが込められているときは、それを簡潔な言葉で表現すると「特別な機会だから行ってみよう」という気持ちにさせます。

❷ 相手が気軽に行けるような雰囲気の一文で結びます。「散歩がてら、お立ち寄りいただけましたら幸いです」「会場にてお会いできますことを楽しみにしております」といった表現も◯。

記

日時…平成○○年五月十日～十三日
場所…銀座ギャラリー
　東京都中央区銀座一丁目○○-○○○
電話番号○三-六二六七-○○○○

〒一五八-○○八三
東京都世田谷区奥沢○○○-○○

山田　花子

祝儀袋・のし紙

水引きは赤白の蝶結び、生ものを贈る場合以外はのしをつけます。

表書き

祝個展《こてんをしゅくす》
祝展覧会《てんらんかいをしゅくす》
楽屋《がくや》御見舞《おみまい》

同窓会・クラス会の案内

フォーマルなスタイルで対象者に漏れなく案内を出します

気のおけない仲間や、昔懐かしい面々が集まる同窓会。私的な集まりの場合は、形式にこだわる必要はありませんが、クラス全体や学年全体の同窓会、恩師を招いて盛大に行う会の場合は、フォーマルな招待状を作成します。

内容では、卒業年度やクラスを明記した上で、「創立○周年記念」「卒業○年という機会に」など、同窓会が開かれる節目や意義を伝えましょう。恩師や母校の近況にふれたり、

「皆で見上げた桜の木」などの共通の思い出を盛り込んでも、懐かしさが強調されて

送る時期は…

会の1か月前には届くように

LETTER

よいものです。

また、恩師に送る招待状は、別に用意します。遠方に住む人のために案内は期日に余裕をもって作り、名簿上の全員に通知漏れがないよう、よく確認して発送しましょう。

手紙の種類

案内をもらったら…

出欠の連絡が必要なときは、連絡の期限にかかわらず、早めに予定を伝えます。間近になるまで予定がわからないときは、そのことを電話やメールで伝え、幹事やほかの出席者、会場に迷惑がかからない範囲で出欠を判断します。返信はがきで出欠を伝えるときは、出席か欠席を○で囲むだけでなく、幹事役へのねぎらいの言葉や楽しみにしている気持ちなどをひと言、手書きで添えましょう。

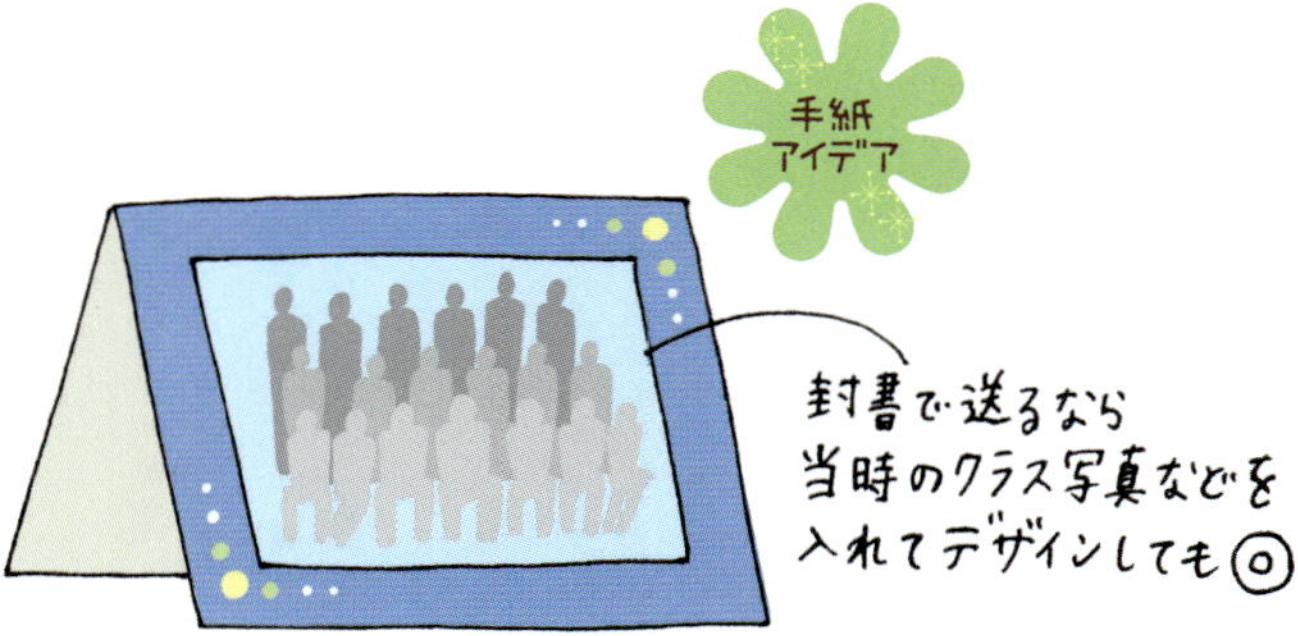
手紙アイデア
封書で送るなら
当時のクラス写真などを
入れてデザインしても◎

同窓会の案内状――同窓生へ

同窓会のお知らせ

拝啓　桜花らんまんの季節となりましたが、
皆様にはご清祥のこととお喜び申し上げます。
さて、このたび私たち①○○高等学校第二十二期生は今年、
卒業後三十年の区切りの年を迎えます。
そこで、地元名古屋で同窓会を開催する運びとなりました。
②恩師の先生方も多数ご出席いただく予定です。
久しぶりの再会でお互いに、懐かしい思い出を語り合いましょう。
どうぞ万障お繰り合わせの上、ご出席くださいますよう
お願い申し上げます。

敬具

記

日時　平成○○年六月二十日　午後一時〜四時
場所　名古屋○○ホテル
〒四六○-○○○○　愛知県名古屋市○○
③会費　一万円（当日受付にてお支払いください）
④幹事　佐々木 裕子（旧姓 小林）　090-○○○○-○○○○
※お手数ですが出欠のお返事を五月十五日までに同封の返信用はがきにてご連絡くださいますようお願い致します。

ポイント

① 学校名、卒業年度、クラス名などは対象となる参加者を特定する意味もあるので、略したりせず、正確に書きます。

② 恩師の出席がわかっているときは、そのことにもふれましょう。「懐かしい」「出席したい」と思わせる文章が肝心です。

③ 会費は金額と、支払い方法について明記します。

④ 幹事の名前と連絡先を記入。結婚して姓が変わっているときは旧姓も()で添えるとわかりやすいでしょう。

同窓会の案内状――恩師へ

謹んで一筆申し上げます
　桜が美しい季節となりました　○○先生にはお変わりなくお過ごしのことと存じます　この季節になると○○高校　卒業式のことを思い出します　早いものであれから今年で三十年が経ちます　そこで今般○○高等学校　第二十二期生の同窓会を開催する運びとなりました
○○先生におかれましても　ご多忙とは存じますが　なにとぞご臨席賜り私たちの成長した姿を見ていただきたくお願い申し上げます
　本来ならば拝趨のうえ　ご挨拶申し上げるべきところですが　略儀ながら書状をもって失礼させていただきます
後日　改めましてお電話にてご挨拶させていただきますが
その際にご臨席のお返事をいただければ幸いです
　季節の変わり目ですのでどうぞご自愛くださいませ
かしこ

記

日時　平成○○年六月二十日　午後一時～四時
場所　名古屋○○ホテル
　〒四六〇-○○○○　愛知県名古屋市○○
○○高等学校第二十二期卒業生　同窓会代表　佐々木裕子（旧姓　小林）

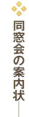

パーティ・食事会の招待

送る時期は…

自分らしい言葉で会の趣旨や雰囲気を伝えましょう

カジュアルなパーティや食事会なら、親しみを感じさせる招待状がベスト。日時や場所は間違いがないよう正確に記しますが、あとは招待する人がその人らしい言葉で会の趣旨や雰囲気などを伝えればいいでしょう。

食べ物や飲み物、食器類など参加者に用意してほしいものがあれば、書き添えます。

手紙の種類

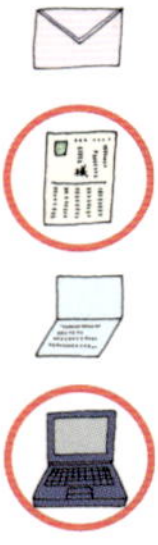

案内をもらったら…

早めに出欠を連絡します。ホームパーティ当日は、みんなで楽しめるお菓子や飲み物、デザートなどの手土産を持参します。欠席のときは「残念ですが、また機会があればぜひ」という気持ちを電話やメールで伝えます。

カジュアルなパーティへの招待

花のたよりもにぎやかな季節になりましたね。

さて、今年も我が家の庭でティーパーティを開催したいと思います。

四月十日(土)午後二時、我が家にお越しください。ご近所の友人が集まって気軽に楽しむティーパーティです。自慢のフルーツケーキを焼いてお待ちしておりますね。

それでは皆様とお会いできることを楽しみにしております。

朝夕は寒さが残りますのでお体にはくれぐれもご留意ください。

かしこ

※あらたまったパーティや食事会の招待は154ページ参照。

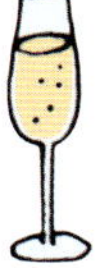

通知手紙の書き方の基本

簡潔に書くのが基本です。
事務的になりすぎず、温かい印象に

住所や勤務先などが変わったときには、あいさつ状や通知メールを送って周囲の人にお知らせしましょう。

通知の手紙で大切なのは、内容がわかりやすく簡潔なこと。新住所や転職先の部署名などに、間違いのないよう、十分に注意します。不本意な転職や退職、離婚などの場合でも、手紙ではマイナスな表現は避けるのがマナーです。新しい環境で心機一転、前向きに過ごしていることを伝えましょう。

通知手紙を印刷で作る場合は、どうしても事務的な印象になりやすいので、やわらかい文章を心がけます。印刷したはがきに、ひと言「遊びに来てください」などと手書きで添えると、温かみのある手紙になります。

どんなときに送る?

引っ越しや転勤、就職・転職・退職したとき、結婚・出産・離婚したとき、開店・開業など、人生に大きな変化があったときに送りましょう。

【転居時】

【転職・退職時】

【結婚・出産・離婚等】

引っ越し・住所変更の通知

新住所や新連絡先は正確に。事務所や店舗なら、地図も載せて

引っ越しをして住所が変わったら、早めに住所変更の通知を出します。自宅の転居でも事務所の移転でも、住所変更はかなり広い範囲の人に知らせる必要があるため、はがきに簡潔に内容をまとめて通知するのが一般的です。

自宅を転居した場合は、新住所や新

手紙の種類

年賀状などの季節の手紙で知らせてもＯＫ

年末年始や夏休みシーズンに転居した場合は、年賀状や暑中見舞いなどの季節のあいさつ状と転居の通知を兼ねてもＯＫ。また親しい人へは、転居後すぐにはがきやメールで知らせておき、翌年の年賀状で、遠い親類なども含めて広く転居を通知するケースもあります。

送る時期は…

電話番号の通知とともに、新しい町や自宅についてちょっとした感想・報告があると、新生活の情景が浮かんで楽しいものです。気軽に遊びに来てほしい気持ちも率直な言葉で伝えましょう。

店舗や事務所の移転では、相手に住所録変更の手間をかけることをひと言、お詫びするのもいいでしょう。最寄り駅や新住所の詳しい地図なども示し、今後の変わらぬおつきあいをお願いする内容とします。

通知に入れたい情報

- 新住所
- 新電話番号
- 交通手段

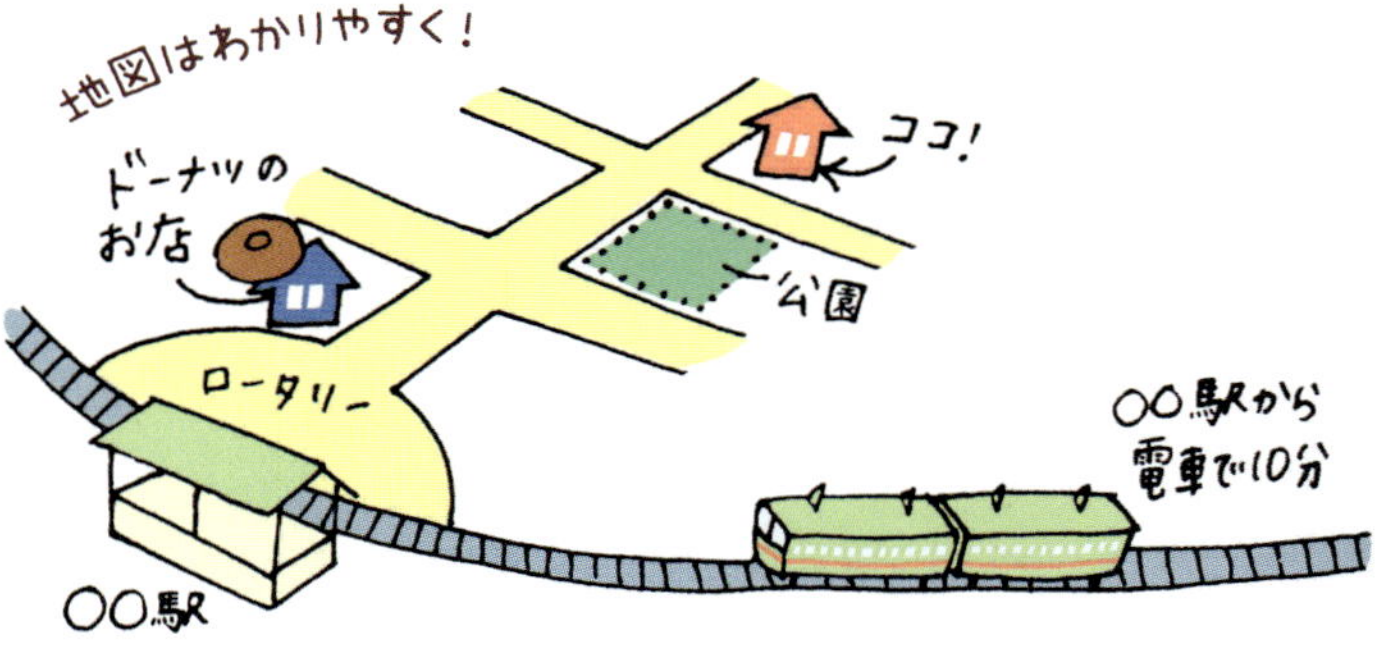

引っ越しの通知――知人へ

梅の花も咲き始め、少しずつ春らしくなってまいりました。
皆様にはお元気でお過ごしのこととお喜び申し上げます。
さて私事で恐縮ですが、このたび左記へ転居いたしました。
①住み慣れた東京から名古屋への転居ですが、
②近くには大きな公園もあり緑がたくさんある住宅街です。
お近くにお越しの節はどうぞお気軽にお立ち寄りください。
まずはご挨拶かたがたお知らせ申し上げます。

新住所　〒四六〇‐〇〇〇八
愛知県名古屋市中区栄〇〇‐〇
電話番号　〇五二‐四五六‐××××

山田　花子

ポイント

❶転居した事実を簡潔に伝えます。差し支えがなければ「結婚を機に」「仕事の都合で」など、転居の理由にも簡単にふれます。

❷新しい環境について報告します。住みなれない場所での不安といったマイナスな事柄ではなく、希望の感じられる内容が最適。

新築・住所変更の通知――知人へ

梅雨明けが待ち遠しい今日この頃ですが、
皆様お変わりございませんか。
さて私事で恐縮ですが、❶かねてより建築中でありました
小宅がようやく落成し、このほど無事に引っ越しを終えました。
❷庭にもたくさんの緑を植えたので、これからは
ガーデニングを楽しもうと思っております。
お近くにお越しの節はどうぞお気軽にお立ち寄り下さい。
まずはご挨拶かたがたお知らせ申し上げます。

新住所　〒五五八-〇〇〇〇
　大阪府大阪市住吉区〇〇-〇
電話番号　〇六-七八九九-××××
　　佐藤　花子

ポイント

❶家を新築、購入した場合は、うれしさを前面に出しすぎると読む人に「自慢」ととられることも。謙虚な文面を心がけます。

❷新居がどんな家か、想像できるような記述があると楽しい手紙になります。新居での家族のようすや、新生活の展望なども◯。

転職・退職の通知

在職中のおつきあいの お礼と感謝を伝えましょう

転職や退職のお知らせは、以前の職場でお世話になった仕事関係者に送るのが基本です。退職前には、とくにお世話になった人へは直接出向いてあいさつを伝えるのが基本ですが、時間やその他の都合で、あいさつができなかった人たちにはメールやはがきで通知を送るといいでしょう。

通知は退職後、できるだけ早い時期に送ります。在職中のおつきあいに対する感謝とお礼を述べ、退社後の予定につい

手紙の種類

送る時期は…

ても伝えます。転職して新しい職場に移る場合は、これからの抱負を述べたり、「今後も変わらぬご指導を」など、相手との縁を大切にする姿勢を示すのも好印象です。

前社への就職を紹介してくれた人がいる場合は、退職のお詫びを伝える、ていねいな手紙を送りましょう。

NG

退社に際してさまざまな事情があった場合でも、もとの職場や上司、同僚の愚痴や批判につながる内容は書かないのが大人のマナー。「円満退社」や「一身上の都合により退社」という表現を使いましょう。また心身の健康を損ねた話や、失望している心境など、マイナスな話題も相手が心配するのでNG。

転職通知——仕事関係者へ

拝啓　皆々様には益々ご清祥のこととお喜び申し上げます。
平素は格別のご厚情をいただき心よりお礼申し上げます。
さて私事で恐縮ですが、この度、株式会社○○○を
十月二十日付にて退職し、株式会社○○に入社する
こととなりました。
❶在職中は大変お世話になり心より感謝申し上げます。
新天地では❷今までの経験を生かし心機一転、自分の力を
最大限に発揮できるよう努力する所存です。
今後ともご指導ご鞭撻のほどよろしくお願い
申し上げます。
まずは略儀ながら書中をもってお礼かたがた
ご挨拶申し上げます。

敬具

平成○○年○月

ポイント

❶ 在職中のおつきあいや指導に対する感謝をきちんと伝えます。

❷ 転職の場合は、新しい職場での決意の言葉を盛り込むのも○。読んだ相手も新しい出発を応援したい気持ちになります。

退職通知――仕事関係者へ

拝啓　梅花の候　皆様にはお変わりなくお過ごしのこととお喜び申し上げます。

さて私事で恐縮ですが、この度、結婚を機に一月三十日をもちまして株式会社○○○を退職いたしました。

在職中、皆様には公私共に大変お世話になり今まで勤められたのも皆様のお蔭と心より感謝いたしております。

なお退職後はしばらく主婦業に励むかたわらデザインの勉強を始める予定です。

❶今後とも一層のご指導ご鞭撻を賜りたくお願い申し上げます。

末筆ながら皆様のご健康とご多幸をお祈り申し上げます。まずは書中をもってお礼かたがたご挨拶申し上げます。

敬具

平成○○年○月

ポイント

❶ 結婚・出産に伴う退職のときも、それを手紙で伝えます。退職後おつきあいが途絶えてしまう可能性が高い相手でも、先々に何かのご縁がないとも限らないので「今後ともよろしく」という気持ちを大切に。

離婚・婚約解消の通知

よい知らせでないときほど相手を心配させない文面に

周囲の祝福を受けてスタートした結婚生活を、離婚という形で解消せざるを得なくなった――。そんな人生の転機も、周りの人に通知を出して報告するのが礼儀です。

離婚や婚約解消などの〝よくない知らせ〟は、読む相手を心配させな

手紙の種類

結婚や婚約でお世話になった人へは封書で

友人や知人、結婚式に招待した親類などへの離婚の知らせは、はがきで通知をすればＯＫです。婚約解消も、婚約を伝えた人のみに、はがきを送ればいいでしょう。結婚や婚約に際してとくにお世話になった両親、世話人、媒酌人、恩師などへは、正式な封書で手紙を送ります。

送る時期は…

いための配慮が必要です。不倫や借金などの個人的な背景や、男女間の込み入った話の説明は避け、離婚・婚約解消の事実を淡々と伝えます。同時に、よく考えた末の「前向きな選択」であることを強調し、落ち着いた生活をしている現状を報告すると、相手も安心します。

双方の両親や結婚の媒酌人、婚約の世話人には、できる限り直接会ってあいさつをします。やむを得ず会えない場合は、手紙でお詫びを伝えましょう。

直接あいさつへ行く人

- お互いの両親
- 媒酌人

通知する人

- 結婚式に来てくれた人（離婚の場合）
- 結婚・婚約を知っている人

離婚通知――親せき・知人へ

拝啓　肌に感じる風が、ますます冷たさを増して参りました。

皆様いかがお過ごしでいらっしゃいますか。

　さて、私事で恐縮ですが、実はこのたび私たちは正式に離婚いたしました。
①二人の子どもは私が引き取り、今は両親のもとで暮らしております。
　数年前から生活のすれ違いにより気持ちもいつしか離れてしまったのですが、②お互い第二の人生に向けて再出発するのが最善の方法と決意した次第です。

　これまで皆様からいただいた厚情に、深く感謝申し上げるとともに、このような結果となりましたこと深くお詫び申し上げます。

　書中をもって、お詫びとご報告をさせていただきます。

日ごとに寒さがつのってまいりますが、くれぐれもご自愛ください。

かしこ

ポイント

① 離婚の事実を伝えます。現状の生活ぶりについてもふれ、相手に安心感を与えます。

② 離婚の理由は、さりげなく説明するに留めます。苦難を乗り越えて前に進もうという気持ちや、新しい人生をスタートさせる確固たる決意を表現しましょう。

婚約解消通知——親せき・知人へ

拝啓　新緑が美しい季節となりましたが、皆様方にはご壮健のこととお喜び申し上げます。

さて昨年の暮れに婚約成立の通知を差し上げ、皆様方からたくさんのお祝の言葉をいただきましたが、このたび婚約を解消することといたしました。幾度となく二人で話し合った結果、❶より幸せな人生のスタートと信じております。

しかし❷皆様のご厚意にお応えすることができなかったことは不徳の限りと恥じ入るばかりです。

❸これからは心機一転それぞれの人生のスタートとして誠心誠意努力いたす所存です。

今後とも相変わらずのご指導ご鞭撻のほどをよろしくお願い申し上げます。

まずは略儀ながら書中をもちましてご報告とお詫びを申し上げます。

敬具

ポイント

❶熟考の末の結論であることや、決心の固いことを伝えます。

❷二人の結婚を楽しみにしていてくれた人には、「がっかりさせて申し訳ない」という気持ちでお詫びを述べます。

❸気持ちの切り替えを表現。最後は変わらぬ指導やおつきあいをお願いして結びます。

美しく見える字配り

相手への〝気配り〟を「字配り」に反映させましょう

字配りとは、手紙に書く文字の配置のこと。正式な手紙の字配りには、いくつかの決まりがありますが、字配りを整える意義は、相手に敬意を表したり、読みやすい手紙にすることにあります。また、文字の大きさや行間のとり方で、字をより美しく

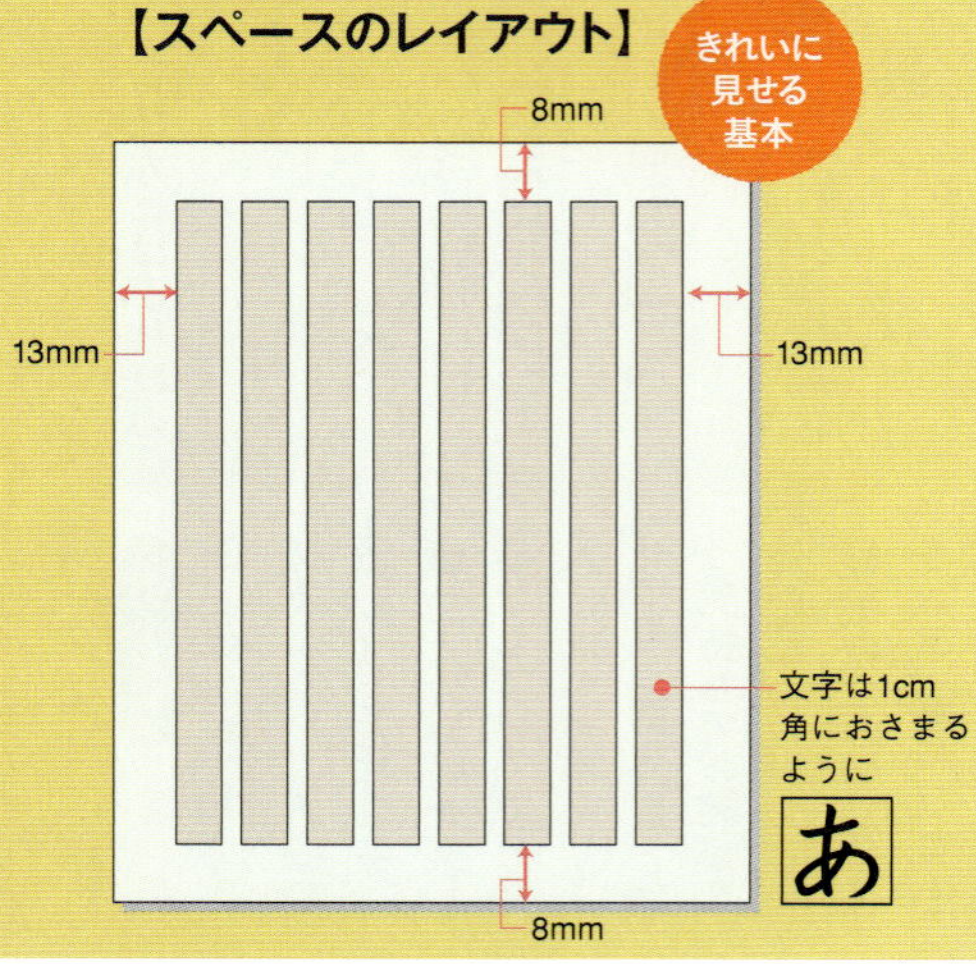

見せることも。美しい字配りを心がけて、大切な相手への〝気配り〟を示しましょう。

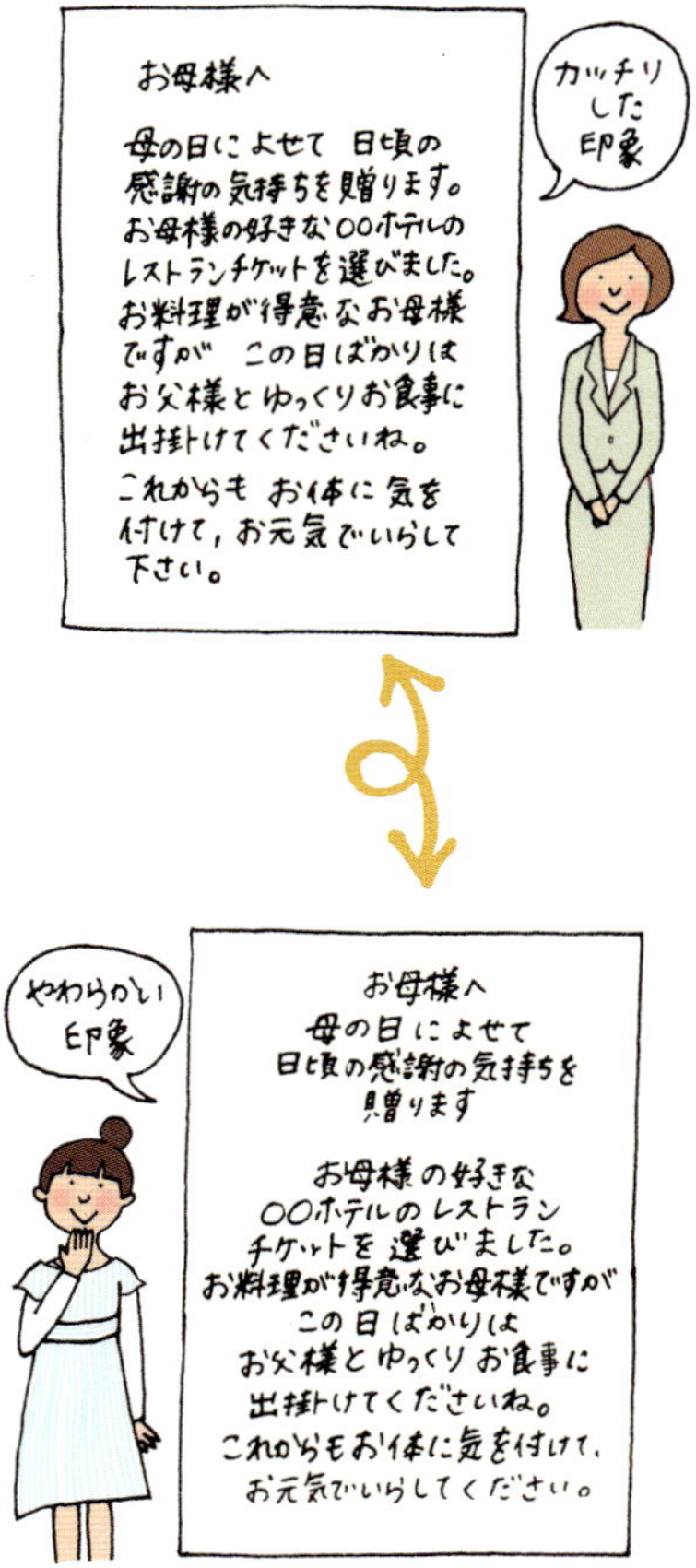

はがきなら、上下8㎜、左右13㎜くらいの余白を取り、文字の大きさは1㎝角くらいの中に収めましょう。さらに行間を均等にとって書くときれいに見えます。また、文字スペースを四角く整えると信頼感や几帳面さを感じる手紙になります。余白を生かして楕円形にまとめると、たおやかで優雅な印象に。

【かな・漢字の使い分け】

漢字、ひらがな、カタカナでは、同じ言葉でも受ける印象が違います。目上の人へのあらたまった手紙は漢字を多めにすると折り目正しい印象に。親しい人へのカジュアルな手紙は、ひらがなやカタカナを効果的に使うと、より気持ちが伝わります。

有難う	ありがとう	アリガトウ
最高	——	サイコー!
大好き	——	ダイスキ
～致します	～いたします	——
素敵	すてき	ステキ

【便箋にも上座・下座がある】

行の始まりの上のほうが「上座」、下のほうが「下座」です。自分が上座にいたり、相手が下座にならないように注意します。名前や単語が2行にまたがらないよう、区切りのいいところで改行します。手紙やメールは文末がそろっていなくてもかまいません。

上座のルール

- 自分を表わす言葉が行頭にこないようにしましょう
- 「です」「ます」や「を」「は」(助詞)などが行頭にこないようにしましょう

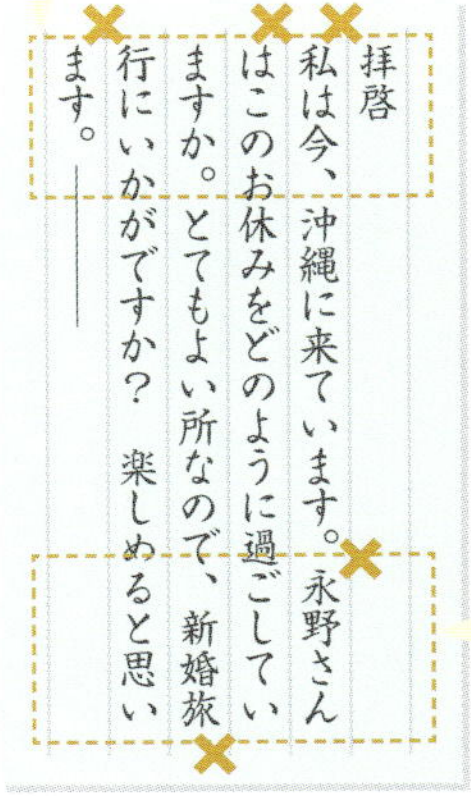

拝啓
私は今、沖縄に来ています。永野さん
はこのお休みをどのように過ごしてい
ますか。とてもよい所なので、新婚旅
行にいかがですか？　楽しめると思い
ます。――

下座のルール

- 相手を指す言葉や名前が行末にこないようにしましょう
- 相手の名前、社名、熟語は2行にわたらないようにしましょう

招待をお断りするときの手紙のコツ

同窓会や食事会などの招待を受けたのに欠席する場合は、お詫びに一筆したためます。まず、招いてもらったことへのお礼を述べてから、簡単な理由とともに欠席を伝えます。出席できず残念な気持ちや、次回はぜひ出席したいという意向を示すと、相手はうれしいものです。

急な用事や体調不良で予定をキャンセルしてしまったときは、突然の欠席のお詫びを第一に伝えましょう。キャンセルの理由を説明し、失望させた相手への気遣いを示すと、信頼の回復につながります。

当日キャンセルしたときの例文

一筆申し上げます。
　このたびは同窓会の突然の欠席、ご迷惑をおかけして
大変申し訳ございません。
　参加する予定でとても楽しみにしていたのですが当日、
子供が急に熱を出し、主人も仕事に行っていたこともあって
欠席させていただくことに致しました。
　お陰様で大事に至らず翌日の今日にはもう元気に学校へ行っております。
　幹事としていろいろと準備していただいていたにも関わらず、
ご迷惑をお掛けし、心よりお詫び申し上げます。
　また来年の同窓会で皆様にお会いできるのを今から楽しみにしております。
　取り急ぎ書面にて失礼致します。
かしこ

欠席するときの例文

一筆申し上げます。
長い猛暑も過ぎ、いくらか涼しさを感じるようになりました。
　このたびは、同窓会のお知らせをいただきましてありがとうございます。
久し振りに皆さんとお会いできる上、先生方もご出席くださるようで
わたくしも是非、出席したかったのですがあいにくこの日は長男の参観日と
重なってしまい、残念ながら参加することができません。
　せっかくのご案内で大変申し訳ございませんが
どうか、先生方をはじめクラスの皆様に宜しくお伝えくださいませ。
　またお会いできるのを楽しみにしております。
かしこ

Chapter 5

事故・病気・弔事の手紙と贈答

病気・ケガのお見舞い

送る時期は…

相手の状況を確認して お見舞いの品や手紙を贈ります

病気やケガで入院した人のお見舞いは、相手の状況を第一に考えることが大切です。とくに入院直後や手術直後の面会は、家族や親しい人以外は避けるのがマナーです。

病室にお見舞いに行くときは、事前に家族に病状や本人のようすを聞いてからにします。面会がはばかられる重病・重傷のときや、遠方で

手紙の種類

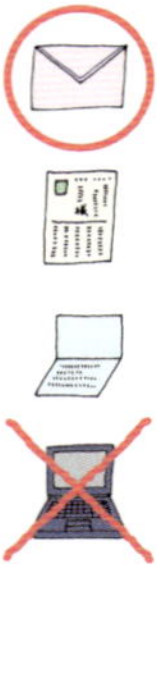

封筒

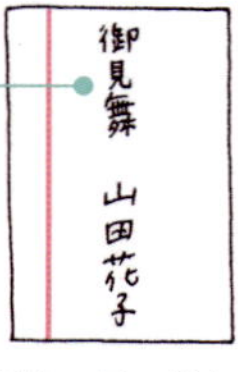

見舞い用の袋か、白い封筒で水引きやのしのないものを。金額は5千〜1万円。

表書き

御見舞《おみまい》
祈御全快《ごぜんかいをいのる》

直接見舞うのがむずかしい場合は、お見舞いの手紙や品物を贈り、いたわりを示しましょう。

品物は、軽い読み物や音楽のCDなど、病気やケガで滅入っている相手の気晴らしになるものが適しています。入院中は費用がかかりますから、目上の人に現金を贈っても失礼になりません。果物などの食べ物や花のアレンジメントは、制限がある場合もあるので確認して贈ります。

お見舞いの品の注意点

［花］

鉢植えは×。香りが強いユリ、葬儀に使うキク、ツバキ、シクラメンも縁起が悪いです。

［テレカ、お金］

病院から電話をかけるのに使うテレフォンカード、現金のお見舞いも喜ばれます。

［食べ物］

病気の場合は食事制限があることも。十分配慮して。つき添いの家族に差し入れても○。

お見舞いの手紙

前文お許しください。

昨日、お母様より美智子様がご入院なさったと伺って①大変驚きました。

疲労が重なったものと拝察いたしますが、このうえはどうか②療養に専念なさってください。

機会を見てお見舞いにあがりたいと思っております。お大事になさってくださいませ。

まずは書中にて御見舞い申しあげます。

かしこ

ポイント

① 季節のあいさつなどは省き、すぐに主文に入ります。最初は、病気やケガを知って驚く気持ちを率直に書くと実感がこもります。

② 快復を願う気持ちを伝えます。「早く元気になって」という言葉は相手や病状によっては空々しく響いたり、相手の負担になることも。「ゆっくり静養してください」という表現のほうが安心です。

お返し

退院後2週間以内を目安に「快気内祝」を贈ります。水引きは結びきりで、品物は菓子類やかつお節、調味料などが一般的。病状が快復していないときは「退院祝」とします。

お見舞いQ&A

同室の人にも何か持っていったほうがいい？

病状や食べられるものは人それぞれなので、お見舞時に同室の人にお菓子などを配る必要はありません。病室で大きな声を出すといったタブーを避け、退室時に「お騒がせしてすみません」など、軽くあいさつをすればいいでしょう。

お見舞いだけ送って出向かないのは失礼？

面会できないときや短期間の入院、遠方の場合は、お見舞いを送るだけでOKです。長期の入院では見舞い客もしだいに少なくなるので、できれば出向いて話し相手になってあげると喜ばれます。

［お礼状の例］

謹んで一筆申し上げます。初夏の風もさわやかな季節となりました。

皆様にはますますご健勝のこととお喜び申し上げます。

さて、今回の入院につきましては御多忙にも関わらず、お見舞いに来てくださいまして厚く御礼申し上げます。

お陰様で経過順調にて、去る五月十日に退院いたしました。

これもひとえに皆様がたのご厚意によるものと深く感謝いたしております。

今後はさらに皆様のご厚情に酬いるべく努力いたす所存です。

どうか倍旧のご指導ご鞭撻のほどお願い申しあげます。

まずは退院のご報告かたがた御礼申し上げます。

かしこ

火事・災害のお見舞い

駆けつけて手伝いをしたり、食料品や役立つ実用品を送ります

火事や水害、地震などの被害は、大切な家族や財産を失うこともあり、精神的なショックも小さくありません。被害の知らせを耳にしたら、まずは相手の安否や被害状況を確認し、駆けつけられる距離なら現地を訪ねて、復旧作業や子どもの世話などの手伝いを申し出ましょう。

送る時期は…

知ったらすぐ

PRESENT

手紙の種類

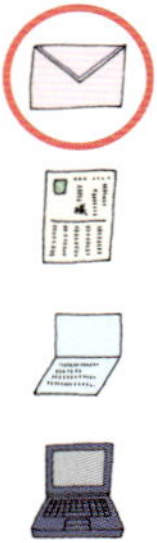

封筒

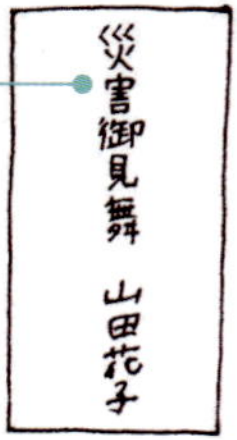

無地の白封筒で、水引きやのしはつけません。金額の目安は5千〜1万円。

表書き

御見舞《おみまい》

災害御見舞《さいがいおみまい》

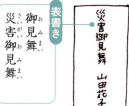

遠方の場合は、見舞いの品をできるだけ早く送ります。

災害直後はおにぎりなどの食料品や飲料水、タオル、毛布、現金などのすぐに役立つものがいいでしょう。被害の状況や家族構成、季節によっても必要なものは違ってくるので、先方に確認してから送るようにします。

個人でなく被災地に向けて救援物資を送るときは、地域や職場などでまとめて「救援用」と明記して送ります。

送る物の注意点！

- 必要なものを確認して送る
- 新品のものを送る

送る時の注意！

- 救援物資とひと目で分かるよう表示
- 中身を表示

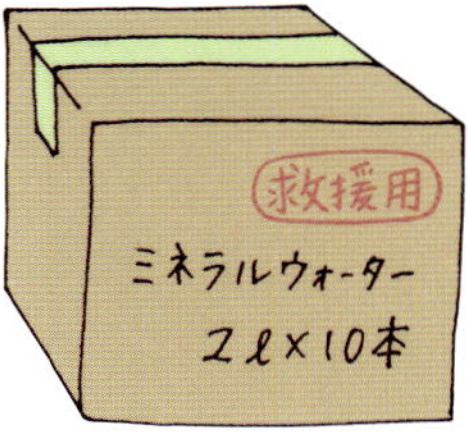

お見舞いの手紙

①取り急ぎ申し上げます。
このたびの思いもかけないご災難、さぞ御傷心のこととお察し申し上げます。

大変なことが多いこととは存じますが、どうかお力をお落としにならず、一日も早く再起に向けて立ち直られますようお祈り申し上げます。

別便にて心ばかりの品を送らせていただきました。
②遠隔地ゆえお役にもたてず心苦しく思っております。
その他、必要なものがございましたら、何なりとお申しつけください。

ご無理をされて体調を崩されないよう、ご自愛くださいませ。

取り急ぎ書中にてお見舞い申し上げます。

かしこ

ポイント

① 季節のあいさつは省き、相手の傷心や心労を思いやる言葉で始めます。続けて励ましや復興を祈る言葉を述べるのも○。

② 駆けつけて見舞うことができないときは、申し訳ない気持ちをひと言。手紙であらためて援助や力添えを申し出ると、相手も心強く感じるでしょう。

NG

火災の場合、出火の原因をあれこれ詮索するのはマナー違反。手紙にも火災や火事という言葉を使わないようにします。悲しみを増幅させるような表現や「重ね重ね」「たびたび」など、繰り返すイメージの忌み言葉も慎みます。

お返し

災害の後は生活の立て直しが第一ですから、お見舞いのお返しは必要ありません。一段落したら、お礼状を送り感謝を伝えるようにします。

［お礼状の例］

拝啓　皆様にはますますご清栄のこととお喜び申し上げます。

　さて、このたびの地震に際してはさっそくご丁重なお見舞いをいただき厚くお礼申し上げます。

　皆様にご心配をおかけしただけではなく、多大なるご援助までいただき、家族一同、心より感謝しております。

　今回の地震で受けた被害は相当に大きなものでありましたが、現在では平常どおりに暮らしております。

　何卒ご休心くださいますようお願い申し上げます。

　本来なら直接お伺いし、ご挨拶を申し上げなければいけないところですが、失礼ながら書中をもってお礼申し上げます。

　皆様のご健康とますますのご発展をお祈り致します。

かしこ

弔事【身内の立場から】——報告

送る時期は…

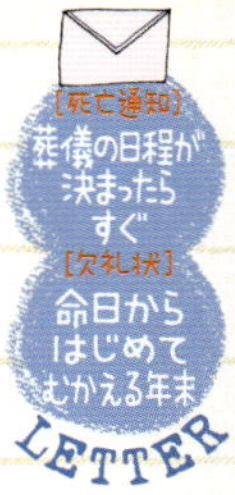

親しい人には電話で通知。時間があれば死亡通知状を出します

死亡の連絡は、まず電話や電報などで簡潔に伝えます。二親等（イラスト参照）までの親類や、故人が生前親しくしていた人には、死亡確認後すぐに電話を。その他の友人・知人、仕事関係者、地域の人などへは、通夜や葬儀

手紙の種類

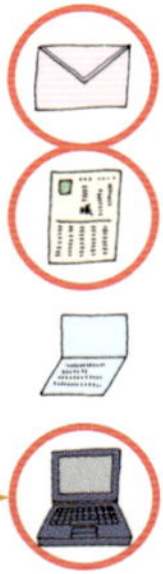

緊急で電話で連絡がつかないときはメールやファクシミリで

電話で連絡がつかない場合は、ファクシミリやメールで連絡してもかまいません。内容は前文などを省いて、用件を簡潔に伝えればＯＫ。メール一斉送信の際は、必ずBCC（34ページ参照）で送信します。

の日程が確定したら、それらの日時も合わせて伝えましょう。

社葬などで、葬儀までに時間がある場合は、死亡通知状を送ります。灰色か黒の枠つきのはがき、もしくは封書に、死亡の事実、葬儀の日時・場所などを記します。一般的な仏式の葬儀でなく、キリスト教式や神式の葬儀を行う場合は、それも明記しておきます。

近親者だけの密葬にしたときや、葬儀を通知しなかった人へは、葬儀が終わってから書面で報告をしましょう。

死亡を知らせる範囲

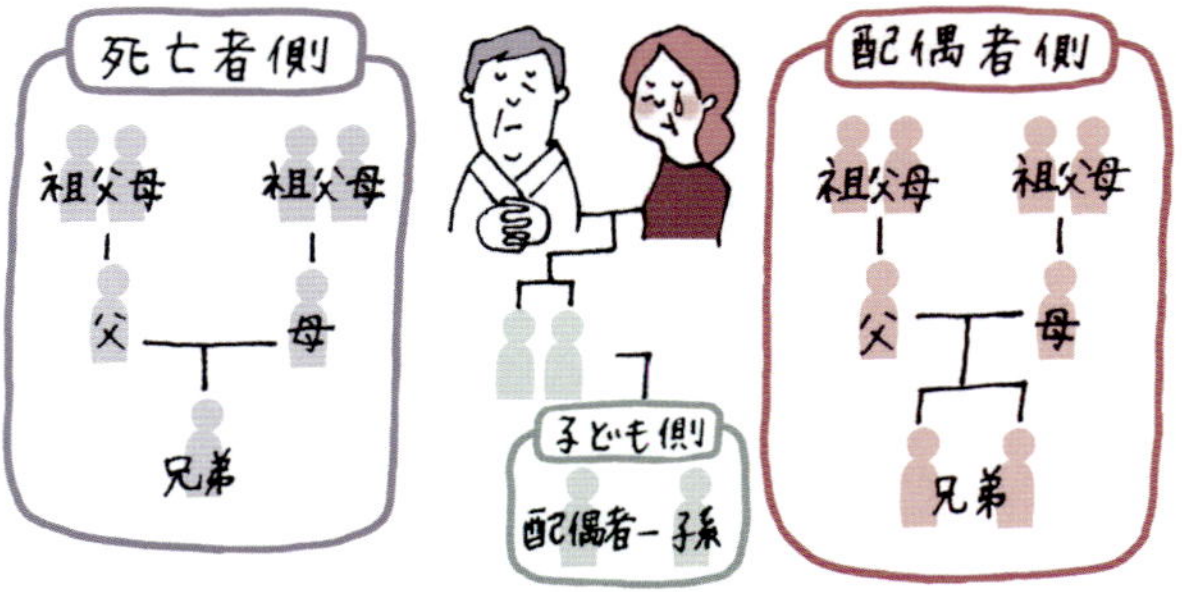

死亡通知

父次男儀　かねてより病気療養中でしたが
九月八日午後三時八分　七十八歳で永眠いたしました
ここに生前の御厚誼を深謝し　謹んで御通知申し上げます
なお葬儀ならびに告別式は左記のとおり執り行います

記

①

一、日時　通　夜　九月十三日(日)　午後六時～七時
　　　　　告別式　九月十四日(月)　午後一時より
一、場所　セレモニーホール花　東京都中央区○○町○-○-○

②

なお　勝手ながら故人の意志により
御供花　御供物の儀は固く御辞退申し上げます

平成○○年九月九日

東京都中央区○○町○○-○○○
喪主　山田太郎

ポイント

❶死亡通知は儀礼的な手紙なので句読点は打たず、一字分あけて文を整えます。葬儀内容は、「記」と記した後に分かりやすく整理して明記。「仏式」「神式」などの宗旨も通知します。

❷供花・供物を断るときは、「故人の意志により」と添えて伝えます。

葬儀後に送るときは

故人の名前、死亡の日時、年齢等を伝え、葬儀をすませたことを報告します。生前のおつきあいに対する感謝も述べましょう。

欠礼状

不幸があった年は、喪に服す意味で新年のごあいさつを避けます。年賀状を用意しはじめる12月初旬には喪中欠礼のはがきを友人・知人などに送りましょう。

喪中につき年末年始の
ご挨拶を失礼させていただきます。
今年中に賜りましたご厚情を
深謝いたしますと共に
明年も変わらぬご交誼のほどを
心よりお願い申し上げます。

平成○○年十二月

弔事【身内の立場から】——お礼

送る時期は…

僧侶や弔問客、お悔やみをいただいた人にお礼をします

葬儀の後は、関係者にお礼をします。

寺院へのお礼は「御布施」「お車代」とし、世話人や葬儀でお世話になった人へも「寸志」「御礼」として心づけを贈ります。

弔問客へのお礼は通常、葬儀社が用意した会葬礼状を渡しますが、故人が生前、とくにお世話になった人には、葬儀後に感謝を込めて自筆した会葬礼状を送るとていねいです。弔電や供花・供物をいただいた場合もお礼状を送りましょう。

香典返しは、仏式では四十九日の「忌明け」の時期に品物と礼状を贈ります。

弔問、弔電、供花のお礼

手紙の種類

香典返し

封筒

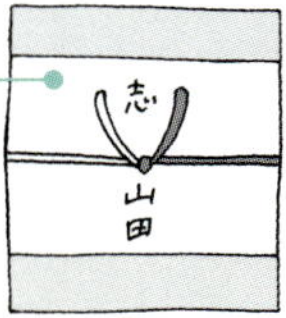

水引きは灰色、黒、紫など結びきり。香典返しは香典の3分の1〜半額が目安。

表書き

志《こころざし》

忌《き》明《あけ》志《し》

僧侶、神官、教会へのお礼

封筒

奉書紙を折ってお金を包むか白封筒を使用。宗旨によって表書きが変わります。

表書き

御布施《おふせ》【僧侶へ】

御祭祀料《おさいしりょう》【神官へ】

御礼《おんれい》【神父へ】

弔問のお礼

父○○の告別式にあたりましては、
ご多忙中のところご会葬くださり、
ありがとうございます。
また御厚志を賜り、
厚く御礼申し上げます。
御見舞いに来てくださった時の
父の嬉しそうな顔が忘れられません。
なお皆様には父の闘病中、ご心配と
ご配慮をいただき深く感謝申し上げます。
略儀ながら、書面をもちまして
御礼の御挨拶とさせていただきます。

×NG

香典返しのあいさつ状では「お返しに」でなく「供養のしるしに」などの表現を使います。「返す」は弔事の忌み言葉にあたるのでNG。

弔電・供花のお礼

先日は亡き父次男の葬儀ならびに告別式に際しまして、ご多用中にもかかわらずご丁重な弔電を賜り厚く御礼申し上げます。ご弔意のお言葉謹んでお受けいたし、霊前に供えさせていただきました。

お心遣いに感謝申し上げると共に、父の生前のご交誼に対し厚く御礼申し上げます。おかげさまで葬儀告別式は滞りなく済ませることができました。

茲に生前のご厚情に感謝申し上げますとともに、今後も変わらぬご指導とご厚誼を賜りますようお願い申し上げます。

略儀ながら書中を持ちまして御礼かたがた御挨拶申し上げます。

東京都中央区○○町○○-○○
山田太郎

香典返し

謹啓　このたびは亡父の永眠に際しましてはご丁重なお弔辞ならびに御供物を賜りまして厚く御礼申し上げます。

葬儀の際は取り込み中にて万事不行届きになり申し訳なく存じております。

お蔭をもちまして十月二十七日に四十九日の法要を滞りなく済ませることができました。

つきましては、供養のしるしに心ばかりの品をお届けいたしましたので、お納めくだされば幸いに存じます。

茲に生前のご厚情に感謝申し上げますとともに、今後も変わらぬご指導ご厚誼を賜りますようお願い申し上げます。

略儀ながら書中を持ちまして謹んで御挨拶申し上げます。

謹白

平成○○年十月三十日
〒一〇三-〇〇〇〇 東京都中央区○○町○○-○○
喪主　山田太郎
親族一同

弔事【連絡を受けた側】

香典を贈り、お悔やみを伝えます。お悔やみ状は薄墨の毛筆でしたためて

親類や親しい人の訃報を受けたら、駆けつけて遺族にお悔やみを伝えましょう。さほど親しくない場合は、通夜や告別式に弔問に訪れ、香典を贈ります。香典は宗派によって不祝儀袋や表書きが変わるので(左ページ参照)、注意を。

近親者、会社関係者からは、祭壇や式場に飾る供花や供物を贈る場合もあります。供え物は

送る時期は…

手紙の種類

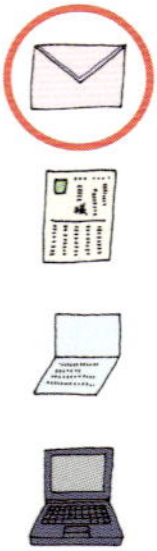

香典の金額の目安

関係	金額
兄弟・姉妹	3万円
親せき	1万円
友人	5千円
勤務先関係	5千円

置き場所など会場の都合もあるので、必ず先方に確認してから贈りましょう。

　遠方であったり、やむを得ない事情で弔問できない場合は、弔電を打ったり、お悔やみ状を添えて香典を贈ります。弔電は、通夜や告別式の開始時刻までに届くように手配します。お悔やみの手紙は白便箋に薄墨で書きます。封筒は白の一重のもの、切手もお悔やみ用を使うのが礼儀です。

不祝儀袋

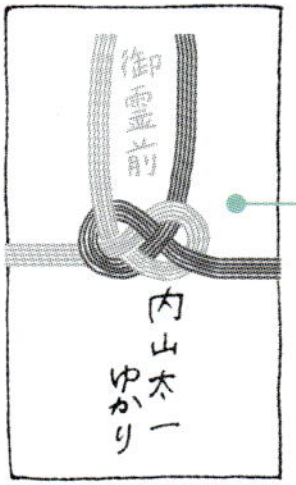

宗旨がわからないときは、黒白、結び切りの水引に表書きは「御霊前」にします。

表書き

御霊前《ごれいぜん》（どの宗旨でも使用可）

【仏式の表書き】

御香典《おこうでん》

御香料《おこうりょう》

御仏前《ごぶつぜん》（四十九日の法要後）

【神式の表書き】

御玉串料《おんたまぐしりょう》

御神前《ごしんぜん》

御榊料《おさかきりょう》

【キリスト教式の表書き】

御花料《おはなりょう》

御《おん》ミサ料《りょう》（カトリック）

忌慰料《きいりょう》（プロテスタント）

お悔やみ状

お父様の突然のご訃報に接し、ただ驚いております。
太郎様はじめご家族の皆様にお悔やみ申し上げますと
ともに、謹んでお父上様のご冥福をお祈り申し上げます。
―
お父様には何度かお目にかかりましたが、
①いつも優しく接していただき、これからもいろいろと話を
伺いたいと思いましたのに、本当に残念でございます。
本来ならば、すぐにでも参上しなければならないところ、
②ご焼香に伺えないことをどうかお許しください。
同封のご香典、ささやかではございますが
ご霊前にお供えくださいますようお願いいたします。
③お父様のご冥福をお祈り申し上げます。

合掌

ポイント

① 時候のあいさつなどの前文は省き、主文から始めます。訃報に接した驚きや故人との思い出、故人との関係を述べます。遺族の悲しみに共感する文章も◯。

② 弔問できないときは、そのお詫びを伝えます。差し支えなければ簡単に理由を添えるとベター。

③ 故人の冥福を祈る言葉で、結びます。

喪中のQ&A

喪中欠礼で訃報を知ったときはどう返事する?

喪中であることを知らずに年賀状を出してしまったときは、松の内(新年7日まで)があけてから、お詫びを兼ねたお悔やみの手紙か、寒中見舞いを送りましょう。

【喪中欠礼で知った場合】

先日はご服喪中とは存じませずに賀状を差し上げまして
誠に失礼いたしました。
ご冥福をお祈り申し上げるとともに深くお詫び申し上げます。
向寒のみぎり、ご家族の皆様にはどうか
ご自愛くださいますよう
お祈り申し上げます。

合掌

平成○○年一月

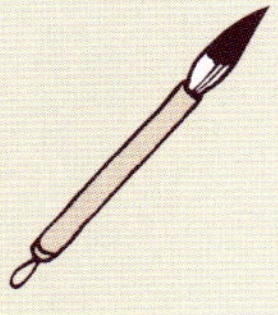

励ましの手紙のコツ

友人・知人の病気やケガ、身内の不幸といった辛い状況を知ったときは、心に響く手紙を送り、相手を励ましましょう。
手紙の内容では、不幸や災いを知った驚きと、相手の心情を察する言葉を述べます。辛い境遇に耐えている人に「頑張って」「早く元気になって」などの安易な激励メッセージをかけるのは、かえって相手を追い詰めることもあるので避けましょう。「ゆっくり休んで」「お身体だけは大切に」など、相手により添う言葉で思いやりを示します。

励ましの手紙の文例——病気看護の励まし

花子さん

お手紙拝見いたしました。
数年前から肺のご病気と闘っていらっしゃったとのこと、
そして急遽入院、手術の段取りと伺い大変驚いております。

辛い顔を見せず、弱音を吐かない花子さんだからこそ
不安で胸がいっぱいなのではないか、そのようなことばかり
考えてしまいます。

このお手紙を読まれる頃には手術も無事に終えられ、
ゆっくり休養されている時かもしれません。

いつも活発でお仕事や家事を完璧にこなしていらっしゃる
花子さんですので、これを機に休養され、また素敵な笑顔を
見せてくださいね。

一日も早いご回復を心よりお祈り申し上げます。

かしこ

巻末付録

すぐ使える書き言葉集

【頭語と結語】

対応する頭語・結語を覚え
相手やシーンに応じて使い分けを

手紙の「こんにちは」にあたる最初の言葉が「頭語」、最後の「さようなら」にあたる言葉が「結語」です。頭語と結語は対応した組み合わせがあるので、一対として覚え、手紙の種類や相手、状況によって使い分けましょう。

ビジネス文書やあらたまった手紙でもっともよく使われるのが「拝啓―敬具」の組み合わ

頭語、結語の種類で異なる印象

せ。急ぎの手紙では「急啓―草々」などを使います。「一筆申し上げます―かしこ」は、女性らしいやわらかな印象の手紙になります。

頭語と結語の組み合わせ

手紙の種類		頭語	結語
一般的な手紙	お祝いやお礼、あいさつ状、招待や案内文書などに広く使えます。	拝啓	敬具
		拝呈	拝具
		一筆申し上げます	かしこ
あらたまった手紙	目上の人に宛てた結婚などの儀礼的な手紙や、依頼の手紙など。	謹啓	敬白
		謹呈	謹言
		謹んで申し上げます	かしこ

手紙の種類		頭語	結語
急ぎの手紙	お見舞いやお悔やみの手紙、急な用件のときに使います。	急啓	草々
		急呈	敬具
		急白	不備
		取り急ぎ申し上げます	かしこ
前文省略の手紙	はがきや、親しい相手に送る手紙、お詫びの手紙など。	前略	草々
		冠省	草々、不備
		略啓	不一
		前文お許しください	かしこ
返事の手紙	いただいた手紙に対する返事の手紙に使います。	拝復	敬具
		復啓（謹復）	敬答、拝答

返事の手紙	いただいた手紙に対する返事の手紙に使います。	お手紙拝見しました	お返事まで
		お手紙ありがとうございます	かしこ
再度出す手紙	お見舞いやお悔やみの手紙、急な用件のときに使います。	再啓	敬具
		再呈	拝具
		重ねて申し上げます	かしこ
初めての手紙	おつきあいのない人や面識のない人に、初めて出すときに使用。	初めてお手紙差し上げます	かしこ

【時候のあいさつと結びの言葉】

手紙でもメールでも
ひとことあると素敵なあいさつ

頭語に続けて述べるのが「時候のあいさつ」です。手書きの手紙はもちろんメールであっても、季節を感じるひとことを上手に盛り込むと、なごやかで素敵な便りになります。

ビジネス文書やあらたまった手紙の場合は、「早春の候」「向寒《こうかん》の折」などの、キリッとした漢語調の時候のあいさつが適しています。私的な手紙では「金木犀《きんもくせい》が香る季節になりました」といった、自分が感じた季節を素直に表現してもよいでしょう。その他、「ご家族おそろいで、よき初春をお迎えのことと存じます」など、相手の暮らしに思いを寄せて季節を表現する方法もあります。

手紙を締めくくる「結びの言葉」は、気候に合った相手の体調を気遣う言葉や、活躍を祈る言葉を選びましょう。

時候のあいさつのキーワード

1 季節の行事や草花にふれる

季節の花や植物のようすを描写したり、正月、鯉のぼり、クリスマスなどの年中行事の話題を挙げると、季節が実感として伝わります。

2 相手に関係することにふれる

相手の土地の季節（そちらの桜便りはいかがですか等）や、共通話題（いただいた向日葵の種が取れました等）、入学や卒業、夏休みなど相手の暮らしにふれるのも○。

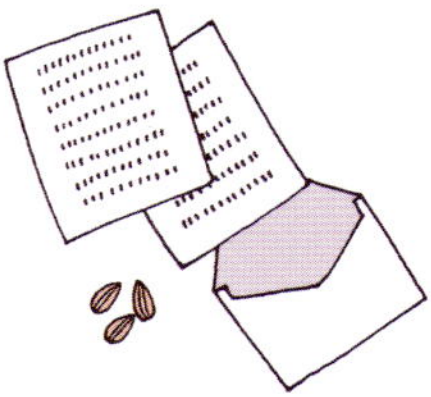

月ごとの時候のあいさつと結びの言葉例

	時候のあいさつ	結びのあいさつ
1月	**【漢語調】**新春の候／大寒の候／厳寒のみぎり ■よいお年をお迎えになったことと存じます ■寒に入り、寒さの厳しい日が続いております	■今年も幸多き一年になるようお祈り申し上げます ■寒さ厳しい折、風邪などおひきにならぬようご自愛くださいませ
2月	**【漢語調】**向春の候／梅花の候／余寒のみぎり ■立春とはいえ、まだ寒さが身にしみる日々ですが… ■梅の花が咲きはじめ、春の兆しを感じられるようになってまいりました	■相変わらず寒さが続きますので、お体を大切になさってください ■暖かくなりましたら、ぜひこちらに遊びにいらしてください
3月	**【漢語調】**早春の候／弥生の候／浅春のみぎり ■あたたかな春の日差しに心が和む今日このごろ ■桃の節句もすぎ、春めいてまいりましたね	■桃の咲く季節とはいえ、まだ肌寒い日もございますのでご自愛ください ■季節の変わり目です。春の風邪にはお気をつけてください

4月

【漢語調】春暖の候／陽春の候／春和のみぎり
■桜花らんまんの季節、いかがお過ごしでしょうか
■うららかな春日和が続いておりますが…

■花冷えのする季節なので、お体を大切になさってください
■新年度でいろいろと変化のある時期です。また近況などお聞かせください

5月

【漢語調】新緑の候／若葉の候／青葉のみぎり
■風薫るさわやかな季節になりました
■青空に鯉のぼりが映えるこのごろです

■過ごしやすい季節、ますますお元気でご活躍ください
■連休の疲れが出るころです。ご無理なさいませんように

6月

【漢語調】入梅の候／向夏の候／向暑のみぎり
■鮮やかな紫陽花の花をながめつつ、青空を待つ季節
■衣替えの季節、軽やかな半そでに夏を感じるようになりました

■長雨が続きますが、体調をくずされませんようご自愛ください
■天候不順の折、寒い日もありますのでお気をつけください

	時候のあいさつ	結びのあいさつ
7月	【漢語調】盛夏の候／大暑の候／酷暑のみぎり ■梅雨明けが待ち遠しい今日このごろ ■夏祭りで町がにぎわいだす季節	■夏はもうすぐ。暑さに負けぬようお健やかにお過ごしください ■暑い日が続いておりますが、夏バテなどなさらないようお気をつけください
8月	【漢語調】残暑の候／季夏の候／早涼のみぎり ■暑さがますます厳しくなってまいりました ■前を向いてすっとのびる向日葵に、元気をもらう日々です	■熱帯夜が続いております。どうぞご無理なさらぬよう ■夏の疲れが出るころ。夏風邪などひきませんようご自愛ください
9月	【漢語調】初秋の候／清涼の候／秋涼のみぎり ■残暑もやわらぎ、涼風が秋の訪れを感じさせます ■日に日に秋色が深まってくる今日このごろ	■季節の変わり目、お体を大切にお過ごしください ■実りの多い秋をお過ごしください

10月	11月	12月
【漢語調】紅葉の候／清秋の候／秋冷のみぎり ■山も色づき、秋も深まってまいりましたね ■秋の夜長、いかがお過ごしでしょうか？	【漢語調】暮秋の候／残菊の候／晩秋のみぎり ■日増しに寒さが加わり、日が短くなってきました ■小春日和の穏やかな日々ですが…	【漢語調】初雪の候／師走の候／月迫のみぎり ■師走をむかえ、ご多忙な日々をお過ごしかと存じます ■夜、きれいな星に目を奪われる季節です
■朝晩は肌寒くなってまいりましたので、お体を大切にお過ごしください ■気持のよい季節ですが、夜ふかしは健康の大敵。どうぞご自愛くださいませ	■朝晩の寒気にお気をつけくださ い ■日ごと寒さが増しますが、体調を崩されないようにお祈りいたします	■何かと行事の多い季節、お体をおいといくださいませ ■よいお年をお迎えください

【相手の呼び方と自分の呼び方】

相手や自分を呼ぶときの手紙独特の表現を覚えましょう

手紙の宛名や、文中に相手の名前を入れるときは必ず「敬称」をつけます。もっとも一般的なのが「様」で、相手の性別や年齢、立場にかかわらず使うことができます。「殿」は「様」より敬意が軽く、目上の人に使うと失礼になるので、事務的な文書以外は使わないほうが賢明です。教師や医師、弁護士などの世間で先生と呼ばれる職業の人には、「先生」を用いることもできます。会社の役職者宛に出すときは「○○部長様」とするのは間違いで、小さく肩書きを上に添え、「部長　○○様」とするのが正しい使い方です。

個人でなく、会社や団体、その中の部署に宛てて出す場合は「御中」を使います。組織内の不特定多数の人に向けた手紙では「各位」という敬称で、個人名を省略することもできます。ただし、「株式会社○○御中　△△様」は誤り。敬称は最後につけるものと覚えておきましょう。

敬称のほかにも、相手の家族や関係者、物などには敬意を表す「尊称《そんしょう》」を用い、反対に自分や自分側の人・物には「謙称《けんしょう》」というへりくだった言葉を使います（次表参照）。相手に合わせて、ふさわしい表現を使い分けましょう。

尊称と謙称一覧

	尊称（相手を指す場合）	謙称（自分を指す場合）
本人	あなた、○○様、貴殿	私、わたくし、小生
本人（複数）	ご一同様、お二方	私ども、一同、両名
両親	ご両親、ご両親様、お二方様	両親、父母

	尊称（相手を指す場合）	謙称（自分を指す場合）
父	お父様、お父上、御父君	父、舅（夫の父）、岳父《がくふ》（妻の父）
母	お母様、お母上、御母君	母、姑（夫の母）、外母（妻の母）
妻	奥様、奥方、令夫人	妻、家内、女房
夫	ご主人、だんな様、ご夫君	夫、主人、亭主
息子	ご子息様、ご令息、息子さん	息子、長男〇〇、せがれ
娘	お嬢様、ご令嬢、娘さん	娘、長女〇〇
子ども	お子様、お子様方	子ども、子どもたち
祖父母	ご祖父様、ご祖母様	祖父、祖母
兄	お兄様、ご令兄様	兄、長兄、次兄
姉	お姉様、ご令姉様	姉、長姉、次姉

家族	ご家族、皆様、ご一家様	家族一同、私ども、手前ども
甥	甥御様	甥
姪	姪御様	姪
上司	ご上司、御上役、部長○○様	上司、上役○○
家	お宅様、貴邸、貴宅	拙宅《せっか》、私宅、当家、当方
住所	ご住所、貴地、御地	住所、当地、住まい
会社	貴社、御社、貴行	弊社、小社、当社
商店	貴店、貴支店	弊店、当店、小店
団体	貴会、貴協会、貴組合	本会、当協会、当組合
学校	貴校、御校、貴学	本校、当校、わが校
品物	ご佳品《かひん》、ご美菓《びか》、ご清酒《せいしゅ》	粗品《そしな》、粗菓《そか》、粗酒《そしゅ》

【尊敬語と謙譲語】

尊敬語と謙譲語を混同してしまわないように注意

相手を敬う表現が「尊敬語」、自分がへりくだる表現が「謙譲語」です。ていねいな言葉を使おうとして、尊敬語と謙譲語を間違えたり混同してしまうと、おかしな文章になってしまいます。

たとえば、「～と申された」「～へ参られる」という表現は間違った使い方。「申す」「参る」はへりくだった謙譲の表現なので、正しくは「おっしゃった」「おいでになる、お越しになる」などとします。「拝見してください」も同様で、自分が見るときは「拝見」でいいのですが、相手が見るときは「ご覧になってください」が正解です。

とくに「言う」「聞く」「行く」「来る」「見る」などの日常よく使う動作を表す言葉は、尊敬語と謙譲語ではまったく違う表現になるので（次表参照）、それぞれ覚えて正しく使いましょう。

また「お話になられる」などは、「お話になる」という尊敬語に、さらに尊敬を示す「られる」を足しているので、過剰敬語となり、誤りです。相手を敬いつつ、シンプルで適切な表現ができるように、日頃から言葉のマナーを磨きたいものです。

手紙でよく使う尊敬語・謙譲語

	尊称（相手を指す場合）	謙称（自分を指す場合）
する	なさる、される、あそばす	いたします、させていただく
言う	おっしゃる、お話しになる	申し上げる
聞く	お聞きになる、聞かれる	うかがう、うけたまわる

	尊称（相手を指す場合）	謙称（自分を指す場合）
見る	ご覧になる、見られる	拝見する
行く	行かれる、お出かけになる	まいります、お伺いする、参上いたします
来る	いらっしゃる、お見えになる、お越しくださる	まいります
会う	お会いになる、会われる	お目にかかる、お会いする
食べる	召し上がる	いただく、ちょうだいする
知る	ご存知でいらっしゃる、お知りになる	存じ上げる
思う	お思いになる	存じ上げる、存じる
居る	おられる、いらっしゃる、おいでになる	おる、おります

買う	お求めになる、お買いになる、お納めください	ちょうだいする、買わせていただく
もらう	ご査収ください	いただく、賜る、ちょうだいする
与える	くださる、お贈りいただく、賜る	差し上げる、ご送付する
考える	お考えになる、ご賢察なさる	拝察する

【忌み言葉】

〝言葉のタブー〟を避けるのも大切なマナーです

「忌み言葉」とは、慶事や弔事の際に〝縁起が悪いので使うのはタブー〟とされている言葉です。せっかく心を込めて書いた手紙でも、不用意に忌み言葉が使われていると、相手の心証を害してしまうこともあります。死や病気、別れ、火災など、不幸や災いをイメージさせる言葉には十分気を配り、別の表現に書き換えるようにしましょう。結婚のお祝いやお見舞い、お悔やみの手紙では、繰り返すことを連想させる「重ね言葉」にも注意が必要です。

結婚・婚約祝い

別離や関係が壊れることや、結婚を繰り返すことを連想させる言葉はタブーです。

- 別れる
- 別々になる
- 壊れる
- 終わる
- 離れる
- 割れる
- 切れる
- 枯れる
- 流れる
- 去る
- 飽きる
- 代える、替える
- 短い
- 滅びる
- 消える
- 重ね重ね
- 返す返す
- 近々
- 再三
- 皆々様

出産祝い

流れるなど流産・死産を連想させる言葉や、子どもの死をイメージさせる言葉は避けます。

- 流れる
- 落ちる
- 失う
- 死
- 四
- 逝く
- 苦しむ
- 滅びる
- 敗れる
- 枯れる
- 崩れる
- 衰える
- 消える
- 弱い
- 悲しむ
- 嘆く
- 痛ましい

長寿祝い

死や病気のほか、寝つく、衰えなどの健康に不安を抱かせる言葉は避けます。

- 倒れる
- 折れる
- 朽ちる
- 病気
- 衰える
- 切れる
- 死
- 枯れる
- 終わる
- 寝つく
- 九(苦)

新築・開店・起業祝い

火災や災害を連想する言葉はタブー。倒産や業績不振を思わせる言葉も×。

- 火
- 焼ける
- 煙
- 燃える
- 壊れる
- 倒れる
- 傾く
- つぶれる
- 崩れる
- 閉じる
- 赤
- 緋
- 負ける
- 失う

入学・入社・栄転祝い

先行きの不振をイメージする言葉や、お祝いに水を差すような言葉は避けます。

- すべる
- 消える
- 取り消す
- 変更
- 中止

お見舞い

病気やケガ、災害が長引いたり、繰り返すことを連想させる言葉。

- 流れる
- 落ちる
- 破れる
- くよくよ
- ますます
- 四
- 死
- 苦
- 九
- 根つく
- 長引く
- 長い
- 続く
- 衰える
- 変える
- 落ちる
- 見失う
- 失う
- 重ねて
- 重ね重ね
- 再び
- 再度
- さらに
- 繰り返す
- またまた

弔事

不幸の繰り返しをイメージさせる重ね言葉はタブー。病気や死などの直接的な表現や、喜ぶといった不適切な言葉は避けます。

- 重ね重ね
- ますます
- さらに
- 引き続き
- 近々
- 次々
- 早々
- 追って
- 繰り返す

- しばしば
- いよいよ
- ときどき
- しみじみ
- くれぐれも
- まだまだ
- やっと
- 死ぬ
- 生存
- 生きる
- 四
- 九
- 死
- 苦
- 喜ぶ

- うれしい
- 楽しい

証明書が必要なときは…

本人に代わって代理人に公的書類の請求などを依頼するときは、決まった形式の「委任状」が必要です。また、金銭や高価な品の貸し借りをする際は、親しい間柄でもきちんと「借用書」を作成しておくのがトラブル回避の基本です。

委任状の例

〇〇〇〇様

委任状

私は、以下の者を代理人と定め、下記の件を委任いたします。

代理人住所　東京都豊島区駒込〇〇－〇
代理人氏名　佐藤涼子
代理人連絡先　03-0000-0000

委任事項
一、転出届に関すること

平成〇〇年〇月〇日

委任者住所　群馬県高崎市〇〇町〇〇〇－〇
委任者氏名　安藤さつき（安藤）
委任者連絡先　000-000-0000

借用書の例

金銭借用書

貸主　松永藤次郎殿

借用金　60,000円也

上記の金額を、本日確かに借用いたしました。

平成〇〇年〇月〇日

借主　東京都中野区中井〇〇－〇
斉藤裕美（斉藤）

主な参考文献

『一生使える　お作法図鑑』（久保村正高著／PHP研究所）
『今どきの冠婚葬祭』（世界文化社）
『贈るマナー　贈られるマナー』（岩下宣子監修／小学館）
『贈り方のマナーとコツ』（岩下宣子監修／学習研究社）
『おつきあい&マナー大事典　決定版』（学習研究社）
『書き方のマナーとコツ』（杉山美奈子監修／学習研究社）
『完全保存版　おつきあいのマナー』（オレンジページ）
『女性のためのきちんとした手紙・はがき・一筆せん』
（美しい手紙を考える会編／ナツメ社）
『最新版　すぐ役立つ冠婚葬祭事典』（主婦の友社）
『恥をかかないマナー&エチケット事典』（清水勝美著／新星出版社）
『礼儀正しい人の手紙の書き方とマナー』（高橋書店編集部編／高橋書店）

おわりに

私は幼いころから、手紙を書くことが好きでした。

幼稚園生のころは、離れて暮らす祖父母に月に何通も手紙を送っていました。先日クローゼットの中を整理していたときに見つけた祖父母からの手紙は、幼稚園生の私が読めるよう、ひらがなで書かれていました。

小学生、中学生のころにもらった、かわいいイラストが描かれた友人からの年賀状、他愛もない日々の交換日記のような手紙、家族からの誕生日カード、成人式などのお祝い、そして私が仕事でヨーロッパに渡る際、母からもらった一通の手紙……。すべての手紙に残されていたのは、私を想う温かなメッセージでした。

手書きの手紙からは、温かさが伝わります。

そしてそれは、いつまでも残る〝言葉の贈り物〟です。

人はひとりでは生きてはいけません。人生においてたくさんの人の愛情や支えがあって今の自分があります。
気持ちは物やお金ではありませんが、その気持ちを品物や言葉に託して伝えるという行為こそが、贈答の文化であり、人との美しいコミュニケーションです。

文字や文章が苦手……と手紙を敬遠するのではなく、相手を想い、自分の言葉で書くことが何よりも大切だと私は思います。大切な人たちへ、手書きで気持ちを伝えてみてください。きっと相手との関係がより一層、素晴らしいものとなることでしょう。

この本が、大切な方たちとの、すてきなおつきあいにつながることを願っております。

銀座フィニッシングスクール　ティアラファクトリー主宰
矢部恵子

本書は、『気持ちがしっかり伝わる　手紙の書き方と贈り物のマナー』（2015年8月／小社刊）を改題・再編集し、文庫化したものです。

矢部恵子（やべ けいこ）

1974年東京都生まれ。幼少時代より日舞を習い、日本人女性としての身のこなしや和の作法を学ぶ。高校の教育課程において礼法・栄養学など礼節をわきまえた育成教育のもと修学。

その後、日本ホテルスクール国際ホテル科に進み世界に通じるプロトコールマナーや接遇を学ぶ。都内外資系一流ホテル勤務後、推薦を得てスイス・ジュネーヴの企業に就職。

帰国後 外資系証券会社にて社長秘書等を経験し2005年に銀座でフィニッシングスクールを設立。現在、銀座校とパリ校でスクールを主宰し、日本人として世界に誇る美しい和のマナーとヨーロッパのエッセンスをプラスした質の高いフィニッシングレッスンが特徴。

『自分らしく美しく人生を愉しむ』をコンセプトに毎日の生活を心豊かに〈衣・食・住〉を美しく生きるためのプロトコールマナーが多くの女性の支持を得ている。


著書に『品のよさがあふれ出る女性 品のかけらもない女性』（大和書房）『人生が変わるテーブルマナーレッスン』（大和書房）『心に残る結婚式にするために 結婚の段取り＆マナーBOOK』（毎日コミュニケーションズ）などがある。

銀座フィニッシングスクール ティアラファクトリー
http://tiara-factory.com

底本 STAFF

イラスト　猪原美佳
本文デザイン　島村千代子
文　有限会社遊文社（小林洋子）
編集・構成　株式会社スリーシーズン

マイナビ文庫

おつきあいの基本がわかる 手紙の書き方と贈り物のマナー

2018年10月31日　初版第1刷発行

監　修　矢部惠子
発行者　滝口直樹
発行所　株式会社マイナビ出版
〒101-0003 東京都千代田区一ツ橋2-6-3 一ツ橋ビル2F
TEL 0480-38-6872（注文専用ダイヤル）
TEL 03-3556-2731（販売）／TEL 03-3556-2735（編集）
E-mail pc-books@mynavi.jp
URL http://book.mynavi.jp

カバーデザイン　米谷テツヤ（PASS）
印刷・製本　図書印刷株式会社

ISBN978-4-8399-6781-9
Printed in Japan

M Y N A V I **B U N K O**

ビジネスでもプライベートでも

知っておきたい マナーの基本

西出ひろ子 著

ビジネスでプライベートで自分は礼儀・作法がきちんと身に付いてるのか気になったことはありませんか？　あるいは基本的なマナーを知らなかったために人間関係がうまくいかなったり、仕事の成果に結びつかないといった苦い経験はないでしょうか？　マナーはすべてのシーンで重要な役割を果たします。日本でトップレベルのマナー研修を実施し、300社以上の企業にコンサルティングを行い、テレビにも多数出演している西出ひろ子氏が、わかりやすく丁寧にマナーの基本を解説します。

定価　本体740円＋税

MYNAVI BUNKO

なりたい自分が見つかる、
似合う服が選べるようになる

人生が変わる クローゼット整理

霜鳥まき子 著

いつも気に入らない服ばかり着ている
クローゼットがパンパンで洋服が迷子になっている
好きで買ったのに、似合わない
どんな服装をしたら良いか分からない……など、
洋服の悩みが絶えない人、必見!
着たい服がすぐに見つかり、さらにおしゃれになるクローゼットの整理方法をご紹介します。洋服を買いかえる前に、まずはクローゼットと向き合うことからはじめましょう!

定価　本体830円+税